因为懂得，所以慈悲：张爱玲传奇

含瑛 著

中国華僑出版社
北京

图书在版编目（CIP）数据

因为懂得，所以慈悲：张爱玲传奇 / 含瑛著. — 北京：中国华侨出版社，2018.5

ISBN 978-7-5113-7628-2

Ⅰ. ①因… Ⅱ. ①含… Ⅲ. ①张爱玲（1920–1995）—传记 Ⅳ. ①K825.6

中国版本图书馆CIP数据核字(2018)第049155号

因为懂得，所以慈悲：张爱玲传奇

著　　者：含　瑛
出 版 人：刘凤珍
责任编辑：紫　夜
封面设计：施凌云
文字编辑：陈凤玲
美术编辑：郭　静
经　　销：新华书店
开　　本：720mm × 1020mm　1/16　印张：16.5　字数：228 千字
印　　刷：三河市万龙印装有限公司
版　　次：2018 年 5 月第 1 版　2020 年 10 月第 3 次印刷
书　　号：ISBN 978-7-5113-7628-2
定　　价：55.00 元

中国华侨出版社　北京市朝阳区西坝河东里 77 号楼底商 5 号　邮编：100028
法律顾问：陈鹰律师事务所
发 行 部：（010）88893001　　传　　真：（010）62707370
网　　址：www.oveaschin.com　　E-mail：oveaschin@sina.com

前言：
说不尽的张爱玲

张爱玲一直以来是个说不尽的人物，有着说不尽的话题，她像一部未完的《红楼梦》一样引得世人对她进行各种解读。有人说她是个天才，才华横溢；有人说她性情孤僻冷傲，不近人情；有人说她无情自私，毫无安全感；有人说她痴心，被人伤害了却不知反抗……

众说纷纭，莫衷一是。在中国，她是文艺青年口中的谈资，人人都可以发表自己对她的看法，然而却没人敢说自己懂得她、理解她——就像没人敢说自己读懂了《红楼梦》一样。

然而，这样将她放到“神坛”上，我想她本人倒是未必愿意。因为张爱玲曾经讲过两件事，一个是关于她的祖母，另一个则是关于胡适之先生。她的祖父张佩纶曾经因为马尾海战失败被罢官定罪，因为这个缘故，她的祖母李菊藕曾经跟自己的子女说“福建人最坏”——当时的中国海军多为福建人——这自然是一个妇人的胡言乱语，只是因为护卫丈夫的缘故，然而张爱玲在《对照记》中却写道：

“西谚形容幻灭为‘发现他的偶像有黏土脚’——发现神像其实是土偶。我倒一直想着偶像没有黏土脚就站不住。我祖父母这些地方只使我觉得可亲、可悯。”

后来她在《忆胡适之》一文中又用到了“偶像的黏土脚”这个说法，足见她并不喜欢那样被神化。她一向喜欢标榜自己是自食其力的小市民。她这样害怕“高处不胜寒”的虚空，反映到她的文章中便是人性的复杂性，没有一个彻底的人物。

她说人性是一本复杂耐读的书，一辈子都读不完。在她看来，我们生于这世上，绝大多数人都有着不彻底的道德观——没有绝对的好与坏。她这些对人性的认识使得她的作品里充满着各种可悲可怜的人物，他们一个个鲜活而真实，也许这才是我们热爱她作品的一个重要原因——每个人都能在她的作品里看见自己或身边人的影子。

因为这些因素，我以为张爱玲自己并不喜欢我们这样将她神化。她从不见找上门来的读者，就连狂热的读者都感到手足无措，更别提将她封为一代小资代言人了——任何标签她都反感，说到底张爱玲就是张爱玲，她就是那样真实的一个人，无须美化亦不必丑化。

正缘于此，我决心写一本与众不同的张爱玲传记，算是对自己的一个交代。那么多年，我也跟广大“张迷”一样，是她忠诚的拥趸。

我第一次读到她的作品便是一直广受好评的《倾城之恋》，那一年我才上大一。她的语言文字仿佛有种魔力，使你在初见的时候便感到一种猝不及防的惊喜。她就像一片无垠的绿色里突然冒出来的一朵姹紫嫣红的花，难怪胡兰成日后形容她是“临水照花人”。

从那时开始，我便尝试着阅读她的作品，搜集一切能够读到的文字，从小说到散文，从剧本到翻译作品，从知名作品到散佚作品，我像一条水蛭一样紧紧地吸附其上，舍不得错过任何熟悉她的机会。

这样断断续续但持久坚韧的爱，距今已经十四年了！她的作品陪伴我从懵懂的少女到日渐成熟的女人，是她用通透的智慧教给我许多人世的荒谬与不确定。

从来没有哪个作家伴着我那么多年，像老朋友一样静默地陪在我身边，除了曹雪芹，只有张爱玲。一部作品也好，一个作者也罢，若能陪我们一生，这才是对作家最大的肯定吧。

越是长大，越是明白人世的各种无常、爱情的千变万化、婚姻的平淡无奇，等到生老病死已经看过，回过头来再看她的作品，看她那珠玉一样的警句，常常在微笑过后有种深沉的荒凉感。

越了解她就越爱她，当我知道她在十二岁的时候说出“人生聚散，本是常事，我们终有藏着泪珠撒手的一天”时，我的激赏与赞叹简直无法用语言来表达——面对她的天才，我常常找不到合适的语言，仿佛再好的语言在她面前都显得无力。这使得我在撰写这本传记的时候也暗自叹息，可惜给她作传的人才华不及她九牛一毛。若她九泉之下有知，但愿看在后辈的一片赤诚之心上，一笑了之吧。

面对铺天盖地的关于她冷艳、骄傲、自私的言论，我实在不能无动于衷。当然，我并非否定别人对她的评价，只是往往有些人要么把她说成一个不食人间烟火的仙女，要么把她形容成一个感情自私的怪僻天才。我以为这些只是她的一面，她还有许许多多不为人重视的侧面。

当然，她给人这样的错觉也绝非偶然，人们对她的了解多半也是从一鳞半爪的作品里来。往往这一鳞半爪给人各种误解，这也正是我想不自量力为她写传的动力之一。姑且不说我们这样的寻常人对她会有各式各样的误解了，就连她一生深爱过的男人胡兰成也如此。张爱玲曾对他说过一句话：因为懂得，所以慈悲。依我看，他未必懂得她。起码在胡兰成作品的《今生今世》里，我看到的是一个到处撇清责任且胡言乱语的男人。

难怪张爱玲晚年在给夏志清先生的信中要埋怨胡兰成的“糊涂”，才隔了多少年的事情啊，他竟然忘记了——也许，不是忘记，而是胡兰成的天性，他天性喜欢传奇性的故事。因而看他写张爱玲，常常看得人云山雾罩，仿佛飘在云端。他自己也认为，他跟张爱玲是一对神仙眷侣。

比如胡兰成说张爱玲自私狠辣，又说她没有同情布施的心——尽管他有自己看似合理的解释，但是，这样夸张的语言实在让人骇然，张爱玲白爱了他一场。

这样的观点我每每看到都要替张爱玲气结。这说明胡兰成只是与我们一样的普通人——自然，这个男人是学识渊博、外形清秀、讨女人喜欢的普通人。

看张爱玲的作品，却完全感觉不到所谓神仙眷侣的仙气，处处写实，说到底不过是一对人间烟火情侣。这不禁让我感到好奇，一样的爱情，胡兰成的文字反倒像个女人一般，喜欢美化事物，自动屏蔽不太罗曼蒂克的东西，反观张爱玲的自传体小说，留给我们的是一对寻常爱人的凄凉故事罢了。

胡兰成以为那样写法的必定不朽，因为已经成仙，但是料不到我们还是喜欢张爱玲的叙述，因为真实永远比传奇更有吸引力。尽管张爱玲写了一本《传奇》，然而她的传奇也是普通人的传奇，她热爱普通人的生活，因为那是生活的底色。

一位伟大的作家若没有悲天悯人的胸怀与气质，怎能写出不朽的艺术作品？这是无法想象的事情。张爱玲自己就说过，对于世上绝大多数的人她都同情，又说了这样的话：“有时你会发现，再讨厌的人若细细思量，原不过是个可怜人。”这么明显的悲悯，然而人们看不到，许多人跟胡兰成一样，只顾着看她传奇的一面，只顾着想她惊艳的时候。也许，我们该换个角度，看一看张爱玲的另一面。那一面也许没有这面令人熟悉，但是更为朴素，至少我在那一面看见了她的慈悲与质朴。

她的轨迹并非只有香港的“传奇”，上海的“流言”，这些只是她漫长人生一个辉煌的起点，她还有无尽的美国岁月。她的前三十年像过山车一样惊险刺激，五彩缤纷，她的后半生却悠长得像永生的历史。

上海时期的她是戏剧化的、传奇性的，有点儿像小说；美国时期的她更像平平淡淡的散文。前半生她像个小说家，后半生她更像个学者。

这些林林总总的印象，或许也难免落入“自以为是”的俗套，然而，我愿意抛开既定标签，力图觅得一个较为像样的张爱玲。

我自己也清楚张爱玲的伟大，我的再多努力也避免不了“盲人摸象”的可能。她像曹雪芹一样，是一口取之不尽用之不竭的深井。

含瑛

目录

总有撒手的一日

一出没有结局的戏

花至荼蘼

太平洋的风

落尽繁花

悠长得像永生的童年，相当愉快地度日如年——再怎么悠长的岁月，有一天也会心头一颤，怎么说完就完了？从前觉得度日如年的快乐，都会变成将来惆怅的记忆。

夕阳无限好

我没赶上看见他们，所以跟他们的关系仅只是属于彼此，一种沉默的无条件的支持，看似无用，无效，却是我最需要的。他们只静静地躺在我的血液里，等我死的时候再死一次。我爱他们。

——张爱玲

大约天才合该是这样的——要么出生在贫穷之家，要么出生于没落贵族。不知是缺钱少衣能够引起人的斗志，还是因为急景凋年容易让人敏感多愁，总之，天才们从一出生就注定了要走这样一段人生。

长的是磨难，短的是人生。张爱玲如是说。

“我们也许没赶上看见三十年前的月亮。年轻的人想着三十年前的月

亮该是铜钱大的一个红黄的湿晕，像朵云轩信笺上落了一滴泪珠，陈旧而迷糊。老年人回忆中的三十年前的月亮是欢愉的，比眼前的月亮大、圆、白；然而隔着三十年的辛苦路往回看，再好的月色也不免带点凄凉。”

这是我们熟悉的《金锁记》，开篇苍凉的月色铺满了整个故事，像笼罩了晕黄的丝织物，那织物虽贵重，却总有点儿轻飘飘的距离感——1920年的夜晚，中秋才过了几日，毛茸茸的月亮照着上海公共租界的一处中西合璧的老房子。老房子靠近苏州河，藤萝爬满了院墙，从外面看倒还是一处幽雅的居所，只是凑近了才闻到一股铜绿发霉的腐朽味道。

张爱玲就出生在这样的老房子里，很多年以后当她从天津的家返回上海时还跟着保姆何干一起回访住在那里的大爷大妈，对老房子影子似的往下沉的感觉依然触目惊心。好在，那一晚，她还只是个粉红色的婴孩。当她睁开好奇的双眼开始打量这个世界的时候，不知第一眼看见的是不是她那位美丽非凡的母亲，黄素琼。母亲黄素琼将她交给老妈子何干。何干是张家的老人了，服侍过老太太——李鸿章的女儿李菊耦，张爱玲的奶奶，连带着又养大了她的父亲张志沂（字廷重）、姑姑张茂渊。她出生的时候，这个曾经的簪缨世家只剩下了空壳子，像夕阳的余晖一样，看着和煦但终免不了西沉的一日。夕阳无限好，只是近黄昏。

然而，瘦死的骆驼比马大，光父亲这一边继承的祖宗家业就有安徽、天津、河北等地大宗土地，南京、上海等处房产八处。

此时，她的奶奶已经过世好几年，而爷爷张佩纶则更早。“我没赶上看见他们，所以跟他们的关系仅只是属于彼此，一种沉默的无条件的支持，看似无用，无效，却是我最需要的。他们只静静地躺在我的血液里，等我死的时候再死一次。我爱他们。”后来的她曾说过这样动情的话，对一向“寡情”的张爱玲来讲，这也许是最深情的告白了。

当年张佩纶与李菊耦的婚姻也算是一时佳话。张佩纶原先娶过两任夫人，先后病故，待到四十岁的时候反倒成了一身拖累的光棍汉，奶奶李菊藕容貌清丽，样貌很是端方，嫁给张佩纶的时候，自己还是个姑娘却要学着做人家的后母。在这一点上，她与张爱玲的后母颇相似。

后来的张爱玲对爷爷很感兴趣，而姑姑张茂渊则直说爷爷配不上奶奶。没错，姑姑的美貌遗传的是奶奶的——虽然她自己觉得长得像爷爷多一点儿。

张佩纶祖上是河北丰润人，算是“耕读世家”。他个性狷急耿直，书生意气，在朝中与同辈张之洞等人常常语出惊人，因倾慕明末东林党，遂自称他们是“清流党”，光听这名字就可得知他是有多讨厌“浊流”了。

他甚至公然反对过李鸿章，只是不知为何李鸿章非但没有计较，反而在他政治上走下坡路的时候伸出援手，将心头爱李菊藕嫁给他。后来张爱玲弟弟张子静的回忆文章里提及，李鸿章大约是因为体恤故人之子才“出此下策”。李鸿章的夫人十分不乐意，自己的女儿花容月貌，对方已经年过四十还是个“罪臣”，将女儿嫁过去简直是自讨苦吃。做母亲的总是比父亲多一点儿疼爱，这是“国际惯例”。

据说当时的张佩纶被曾朴写进了清末著名谴责小说《孽海花》——后辈们好奇的时候就看《孽海花》去追寻先人的踪迹，张爱玲稍长的时候总问父亲，奈何父亲一味辟谣，告诉她全是假的，令她失了兴味。转而去问询姑姑，姑姑却说：“我们是没办法，受够了，现在不作兴这个，你们这一代要向前看……”多么英气的姑姑！

受够了什么呢？显然不是张佩纶，想来应该是受够了所谓大家族的虚妄与道德的虚伪，像《红楼梦》中的探春一样，要么希望自己是个男儿身，要么幻想自己出生在一个寒门小户里还能享点儿家庭的温馨。

爷爷张佩纶是名重一时的文人，但他终其一生也只是个文人，政治上的作为与他的老丈人李鸿章是不可比拟的。

人人都说张佩纶与李菊藕的结合是佳偶天成，张爱玲却说奶奶并不怎么会作诗，存下的一首诗还是经过爷爷润色的。胡兰成在《今生今世》里

张爱玲出生的地方——上海康定东路 87 弄 3 号一栋建于清末民初仿西式的大宅

说她这样舍得破坏佳话，所以写得好小说。

张佩纶去世的时候，儿子张志沂只是个七八岁的孩童，女儿张茂渊两三岁，对他似乎没留下什么特殊的印象。李菊藕对子女的培养深深地影响了他们的个性，乃至后来的张爱玲一切成长的遭遇都与此有关。

一般说来，母亲独自带大的男孩通常性格温顺，敏感细腻，而一手培养的女孩则常有着独立自主的坚强。

关于张爱玲父亲与姑姑的成长，她在自传体小说《雷峰塔》里通过几个老妈子的嘴有过清晰的描写。李菊藕不知出于何种缘故，将男孩当女孩子养，却将唯一的女儿当个男孩子一样散养。张志沂幼年常常穿着女孩子气的衣服，不大出门，有时偶尔出门，清瘦的身子必定挨着墙角走，面色苍白，身形瘦长，仿佛一阵风吹着就能倒了似的，活脱脱一个女子气的男人。

兄妹两个如此不同，这为他们日后因意见不同分道扬镳埋下了祸根。世间万物看起来是那样的偶然，因为它只给我们呈现它的结果，必须掰开果子看到内里方能见着那让人疼痛的因。

如果说张佩纶与李菊藕的婚姻还算是伉俪情深、情投意合，那么当年倔强的黄素琼与张志沂的婚姻则是真正的媒妁之言、父母之命了。黄素琼的爷爷是长江水师提督，母亲是黄家从湖南买来的小妾。姨太太出身，一生要强，生怕别人瞧不起。

黄素琼与张志沂定的是娃娃亲，在她还是个幼儿的时候大人们早已将她一辈子的幸福托付给另一个孩童——张志沂了。他们不曾去想黄素琼的未来，反正祖祖辈辈都是这样过来的，也没见天塌了地陷了。

她与张志沂不同。黄素琼虽然裹着一双小脚，却是深一脚浅一脚踩着新思想一路过来的，内心清刚要强，从不服输，有了孩了之后的她总是对张爱玲说他们那一辈的女人没得选择，想去读书都不能够，一心一意地将满腔希望寄托在女儿身上。

“我们湖南人是顶勇敢坚强的！”这是她时常挂在嘴边的话。她生得美丽，在张爱玲的记忆里她的形象永远是朦胧的洋装，还有湖蓝水绿一样葱茏的色彩——如果遗传真有那么神奇，我们也许该感叹，张爱玲终其一生对鲜艳色彩的爱好可能来自她这个学油画的母亲。她晚年在美国的时候，甚至将地板都涂满这种蓝绿色。

也许，那时候的她怀念的是小时候在天津的时光吧，一张她三岁模样的照片，胖嘟嘟很是可爱，剪着齐眉的刘海，端坐在凳子上，母亲为她的照片着色，用的就是那种蓝绿色。

黄素琼的勇敢强势遇上张志沂的温柔适意，原本该是多好的一对璧人。张志沂学识渊博，浑身透露的是中国旧文人的儒雅与闲适，出了名的好脾气。只可惜，他们生错了年代，再不能一如先辈们那样生活。

黄素琼那面的“新”与“强”，与张志沂那面的“旧”与“弱”，像两条平行线一样，无论怎样努力都没有思想的交集。他们没法子像过去的人一样，夫妻性格互补地凑巧拼成一个圆。

长大后的张爱玲也奇怪母亲缘何要嫁给父亲，母亲只幽幽地说，你外

婆要强好面子，已经定下的婚事如果悔了，岂非要人看笑话？！

是的，旧中国的父母们就是这样狠心，为了所谓家族的荣耀，将儿女们一生的未来维系在某个完全陌生的人身上，他们自己也是这样，摸爬滚打一辈子蹚过岁月的河流，自信靠着一股“摸石子过河”得来的经验完全可以让他们与幸福结缘。一旦过了婚姻那道门，此后流泪还是流血全看她自己的造化了——嫁出去的女儿泼出去的水，这是我们中国人的信条。

为此，黄素琼顶讨厌的是男尊女卑的思想，后来她着意培养女儿忽略对儿子的照管，也许还有这一层补偿心理。

如果不是这一早已经签订的婚书，世上也许少一个天才女作家，但是会多出两个平凡而幸福的家庭吧。黄素琼自己后来也说：你爸爸年轻时候倒是不难看，挺秀气的。假如他遇上了一个爱他的女人，情况可能就不一样了……可惜，这世间令人感到最无可奈何的就是“假如”两个字。

没错，她不爱他，从一开始就是如此。她抗拒着他的一切，张志沂却始终对她怀有一份难以言传的爱意。她漂亮、自立、勇敢、坚强，每种都是他周围的女人罕有的，她对他而言像是一个美丽新世界。他也曾用心想要走进去，奈何他清瘦的身躯无论如何也打不开通往幸福的那扇门。

这个自信满满的女人带给他一生的怀想与自卑，让他在日后每次想要亲近她的时候，内心总觉得密布隔膜的哀伤。

过了几年，他们家举家迁往遥远的北方——天津。离开祖辈的老房子原因别无其他，只是黄素琼与张志沂同父异母的哥哥一家处不来，妯娌之间尤其不和。

有人的地方就有战争，有女人的地方常年硝烟弥漫。

黄素琼固然不是一个好伺候的人——张爱玲在《易经》中就曾这样毫不留情地说道，但她那个贪钱的大爷大妈只怕也不是什么省油的灯。连累着日后两家还要为爷爷奶奶留下的一点儿家业打官司，想来簪缨贵胄的生活确实也有不得已的辛酸。

挂在斜阳外的命运

姐姐在才情上遗传了我父亲的文学与我母亲的艺术造诣，但在相貌上她长得较像父亲：眼睛细小，长身玉立。我则较像母亲：浓眉大眼，身材中等。不过在性格上又反过来：我遗传了父亲的与世无争，近于懦弱，姐姐则遗传了母亲湖南女子的刚烈，十分强悍，她“要的东西定规要，不要的定规不要”。

——张子静

这个粉嫩的女婴满周岁了，她咧着嘴笑着面对周围的世界，这个充满烟火气的尘世多美好。她终其一生对凡俗世界都有着异乎寻常的热爱，好好活着比什么都重要，她曾这样说过。她爱人生。

家里还是老法子，在满周岁的时候给孩子准备各色东西以预测孩子们的志向。大红的漆盘里摆了一支毛笔、一个顶针、一个红丝线穿起来的古铜钱、一本书、一个骰子、一只银酒杯、一块红棉胭脂等。老妈子们表现得比张志沂和黄素琼两个人还要紧张，仿佛这个小婴孩的未来全在抓周这件古老而神秘的事情上。

她伸出粉嫩的小手一把抓住毛笔，然后似乎还不满足似的又抓了下胭脂——张爱玲在另一处散文作品《童言无忌》中又说抓的是小金镑和笔，但无论怎样，笔总是第一位的，至于爱美与爱财，倒也是真的。

张志沂凝重的脸上现出几分轻松的快意，老妈子们赶紧附和着说小姐将来是个顶爱美的人呢——她们不提毛笔代表的那回事，在她们心里哪有

女人当先生的？作家是什么，更是听也没听过的名词。

此际大着肚子的黄素琼约略也是满意的，毕竟这个女孩子的未来原来还可以这样期待，即便知道这是古老的骗人把戏，心中还是忍不住欢腾——她本是这样的毫无选择，女儿的人生应当别有一番天地吧？

几个月后，在一个寒冷的冬日，黄素琼为张家诞下一个万众瞩目的小少爷，给他起名小魁——但看这名字很容易让人联想到“文魁”这样的字眼，可见张志沂自己虽看不见出路却依然对下一代寄予厚望，而那个一岁多的小女孩则被唤为小煐，完全没了小魁的气势。

小魁的出生为这个正日益像影子般往下沉的旧家庭带来一丝甜蜜的宁馨，此时的父亲还没有沉沦在狎妓、纳妾和赌博的轮回里，而初为人母的黄素琼也是满心喜悦，尽管心中的某个角落里早已埋下出走的种子，但此际她已经是两个孩子的母亲，“母亲”两个字带给她的责任与分量让她暂时无暇分身，囿于这片安稳而保守的小天地。

小煐初时对这个新来的玩伴约略也是兴奋开心的，只是随着年岁的渐长，她渐渐地从一些细微的地方觉察到家里的变化。她与黄素琼小时候一样很早便感知到男女不平等的问题，在那样一个旧家庭中男尊女卑的思想无须出口已经很伤人——全在一言一行中，哪里还需过多言语？

后来她的弟弟张子静说他们的母亲黄素琼一生最恨男女不平等，裹小脚便是他童年所能感到的母亲的愤懑。在张爱玲幼小的时候，母亲总是不住提醒她一个女孩子要如何自立图强。黄素琼看到家里老妈子的势利后，总不忘强调一句："现在不兴这个了，都讲究男女平等了！"

老妈子对她的话阳奉阴违，满面带着狐疑的笑，只轻轻地"哦"了一声，将所有的不屑与不信全抛撒在那一声低沉的"哦"里面。

在《我的姐姐张爱玲》一书中，张子静这样写道：姐姐早慧，观察敏锐，她的天赋资质本来就比我优厚。那么幼小的年纪，已经知道保姆的钩心斗角，她后来在《私语》里说，带我的保姆张干，"伶俐要强，处处占先"；领她的何干，"因为带的是个女孩子，自觉心虚，凡事都让着她"。因此她说："张干，使我很早地想到男女平等的问题，我要锐意图强，务必要胜过我弟弟。"

《雷峰塔》里关于保姆的偏心有着活灵活现的体现，弟弟吃饭不小心掉了一支筷子，就是好兆头——筷子落了地，四方买田地。

若是姐姐掉了筷子，保姆就高声说："筷子落了土，挨揍又吃一嘴土。"张爱玲不服气，便嚷嚷着说她也能买田地，小小的她便知道这个世界如何为难着一个小女人。可是保姆告诉她女人不能买田地，甚至她也不姓张，她姓"碰"，碰到哪里是哪里。多么悲哀，才出生，命运已被写好脚本，千千万万的中国女性只需要老实本分地倾情演出。

她抓周家里没人太当回事，可是轮到只比自己小一岁的弟弟情形则又不同。"好东西总搁得近，铜钱、书、毛笔。骰子和酒杯都搁得远远的，够不到。"于是，小魁便抓了铜钱，丫鬟讨好地说他将来会有钱——如果人能够预测未来，该是多么悲怆的一幕。

成年后的张子静一生未娶——他唯一从父亲那儿继承到的遗产便是上海的一处只有十四平方米的小亭子间，最后孤独地老死在那里，比姐姐的苍凉结局还令人唏嘘。

可是，抓周这个古老的游戏在他们姐弟两人身上，似乎又有神奇的预言功效。姐姐抓了毛笔与胭脂——张爱玲终其一生笔耕不辍，并且极其爱美，而弟弟抓到了铜钱——张子静曾经长期在中央银行的扬州分行与无锡分行工作。

或者，我们愿意相信有些东西冥冥中自有天注定，那些我们所不能解释的事情，往往统称为命。

有人说中国人没有信仰，我以为中国人有着朴素的信仰——命运，但凡在人海里沉浮个几十载之后的男男女女，总是会哀叹一句：不服不行啊，这是命。

倘如此，也许张爱玲后来的遭际是命中注定。这个自小被周围视为天才的小姑娘，对弟弟有着异乎寻常的感情——半是怜爱半是嫉妒——嫉妒他是个男孩子，可以不用锐意图强便能继承祖业，不用害怕未来的各种不确定。

小小的她那么早便能从保姆的态度里看出自己地位的高低来，这般早慧日后成就了她，也毁了一个女人糊涂的幸福——太过锐利而通透的女人，如何获得俗世的幸福？

“姐姐在才情上遗传了我父亲的文学与我母亲的艺术造诣，但在相貌上她长得较像父亲：眼睛细小，长身玉立。我则较像母亲：浓眉大眼，身材中等。不过在性格上又反过来：我遗传了父亲的与世无争，近于懦弱，姐姐则遗传了母亲湖南女子的刚烈，十分强悍，她‘要的东西定规要，不要的定规不要’。”长大成人的张子静这样形容姐弟两人的不同，只是那会儿姐弟俩已经几十年未曾见过面，姐姐再也看不到弟弟写下的这番话。想来真是不胜唏嘘。

无论如何，这个小生命的到来改变了她在家中的地位，并且陪伴她在以后漫长的成长岁月中，一起经历喜忧参半的童年。这个家族的平顺与波折，他们曾并肩迎立过，共同泡着这个家里的酸风甜雨，最终却酝酿出迥然不同的命运。也许，这正是命运的玄妙之处，无法让人一眼洞穿，只得跟着它的剧本不停往前走，不到最终谢幕无法得知它为我们准备了什么样的人生。

没有时间的钟

一切的繁华热闹都已经成了过去，她没有份儿了。即使穿上新鞋也赶不上了。

——张爱玲

旧历年的清晨家家户户放鞭炮，“爆竹一声除旧岁”，何等的喜庆。对于一个几岁的孩子来讲，再没有什么事比过年还要值得等待与庆祝的了。

那一年，母亲已经远走欧洲，对于一个没有母亲的家来说，她是多么渴盼新年里别人家的鞭炮声来为她祝福。头天晚上她说要守岁，这样就能

够看到清晨的热闹了，老妈子何干不让。她心疼大小姐，承诺早晨早点儿叫她起来。

她放心地入睡，梦里都是人家的热闹与繁华，等醒来才发现已经晚了，来不及了。“一切的繁华热闹都已经成了过去，她没有份儿了。即使穿上新鞋也赶不上了。”好似那个曾经声名显赫的大家族一样，她没等到看见繁华，已经日薄西山了。

花无百日红，一个家族就像一朵花没有永远兴盛的可能。她一睁开眼看见的已经是露滑霜重的晚秋，肃杀颓丧，鲜花着锦的日子一去不返，那朵娇俏妩媚的花朵早已被绣在锦缎上——仅供凭吊，没有生命。

不知是不是因为她出生在一个有月亮的晚上，此后的人生她格外地喜欢月亮，对月亮的描写常常千奇百怪。但无论是何种月色，到了她的笔下，留下的只是苍凉与凄怆，即便是柔美如朵云轩信笺上的一滴泪——还是凄然。

“过三十岁生日那天，夜里在床上看见阳台上的月光，水泥栏杆像倒塌了的石碑横卧在那里，浴在晚唐的蓝色的月光中。一千多年前的月色，但是在她三十年已经太多，墓碑一样沉重地压在心上。”这段《小团圆》中的文字，读来不免让人有种凄惶的阴郁之感，月色那么美，可是到底

是晚唐时候了——盛唐已经过了，所有的鼎盛、所有的繁花早已成为明日黄花。

所谓名门望族，所谓钟鸣鼎食之家，到了她那里只剩下空壳子，就是这个空壳子还要像墓碑一样沉重地压在每个生活在这里的人心上——背不动也得背，因为这是无法选择的包袱。

晚年的张爱玲还曾写信给好朋友宋淇说这是她的所有，也是她的包袱，她得永远地背下去，甩也甩不掉。

族人的荣耀或许没了，时代已经变了，还有更大的毁坏要来，一早她便知道这样的道理。但是家里的规矩还没有变，像一个校不准的时钟一样嘀嘀嗒嗒敲着不相干的钟点，一切还要按着旧时的礼法来，诸如长嫂如母、长兄如父。

张家就是这样一个老时钟，尽管它已经校不准周围世界的钟点，却还在慢悠悠地按着它独有的步伐往前走——不到那一刻真正来临，它就一直这样，拖着经年累月积攒的风霜佝偻着身躯，向前，向前，向前——它的向前也不是“前”，只是漫无目的地立在那儿，在时间的无涯的荒野里，四下张望，看不清来时的路，也望不见前行的路标。茫然是这座老时钟的标签。

黄素琼嫁过来五年后才生了小煐，此时的李菊藕早已经驾鹤西去，在张佩纶抑郁而终后，她独立抚养一子一女，同时操持着偌大的张宅——表面上是她当家，事实上，当家的一直是张志沂的哥哥，那是张佩纶之前的妻子所生之子。

李菊藕曾接连三年遭遇丧父、丧兄、丧夫，精神压抑不堪重负，终于在四十六岁那年撒手人寰，留下了只有十六岁的张志沂和十一岁的张茂渊。

本来哥哥嫂嫂对他们心里多少有点儿畏惧，如今只剩两个没成年的孩子，自然大咧咧地当起了张家的家。他们住着李菊藕当年陪嫁的老房子，与张志沂一家一起，像所有旧中国的大家庭一样。

张爱玲就是出生在那所大房子里，那时他们的母亲黄素琼还是个刚嫁过来没几年的女人，在张家她根本说不上话，加之张志沂个性较为软弱，凡事退让，这让黄素琼很是看不惯，何况她本身就是个个性十分要强的女人。张子静曾经说过男尊女卑的思想是他母亲最不能忍受的事情，她后来漂泊一生所要追求的无非是自由与平等而已。

张爱玲的母亲与哥哥嫂嫂处不来，觉得处处受到掣肘，一直想要脱离老房子——这大约与今时今日希望独立不与父母同居一室的子女一个心思。哥哥嫂子还是过去的思想，认为长兄如父、长嫂如母，希望他们能够听从哥嫂的一切安排，倘若是张志沂那样温和退让的个性倒也罢了，相安无事总是能够的，但黄素琼绝不能忍受这样呼来喝去。为此，她与他们产生了不小的矛盾。

爱一个人常常是从细微处体现出来，而厌憎一个人也同样如此，那些琐碎的平凡小事最能消磨一个人的感情，就像后来张爱玲自己所说的一样："那些琐屑的难堪，一点点地毁了我的爱。"

在这个看似很大实则狭窄的世界，哪一种爱不是千疮百孔？完美主义者长吁短叹，过于乐观的人则难免失望，只有像张爱玲这样透彻的人才会说出这样极富悲悯的话吧？

黄素琼想要分开另起炉灶，却苦于没有一个正当的借口。中国人是有多么喜欢冠冕堂皇的理由啊，就连行军打仗都讲究个"师出有名"，仿佛非得找个道义上的理由才能靠得住脚。分家也不例外。

就在黄素琼一筹莫展的时候，张志沂在天津的堂兄张志潭，当时任交通部部长一职，给他谋了个铁路局英文秘书的职位。于是，他们一家便顶着这个理由浩浩荡荡地北上，那一年小煐两岁，弟弟小魁才一岁多。姐弟俩记忆可能有所偏差，弟弟记得的是姐姐四岁时举家迁往天津。

像笼中的鸟儿突然被放飞，第一个感觉也许不是自由，而是迷茫；像脱缰的马匹，没有羁绊固然可喜，可是却不得不为方向的确立而心焦。使人感伤的是张志沂就是这样一只鸟、一匹马，当他摆脱封建家长制式的约束后，自由来得太快，一下子有点儿找不到北的感觉。

倘使，他过去就是一个胸有主见能够决断的男人，便也罢了，离开只会飞得更高，跑得更快，可他偏偏是一株温室里养大的花朵。他年少的时候母亲因为父亲早早过世，对家庭事务心灰意冷。寡母的心常常是死灰一片，除了对两个子女，别的任何事都提不起精神。加之李菊藕本是清末民初的女人，与后来的儿媳妇黄素琼不同的是，当五四运动的风潮刮到她的家门时，她早已是一堆躺在黄土下的枯骨。

因而她对子女的教育完全是封闭式的，不敢将独子放出去锻炼，她满心以为那就是保护，她像只护崽的老母鸡一样，一心想用自己残破的羽翼护一双儿女周全。由于担心张志沂离家会跟着一帮族内男子学坏，因而张志沂一直像个养在深闺中的花朵。倒是他的妹妹张茂渊，从小胡打海摔地成长为一个独立坚强的女性。兄妹俩若换个性格，怕也没有后面的故事了。

张志沂在这样的环境中长大，使得他养成了凡事依赖和退避的个性，不喜欢与人争执。及至后来，母亲故去，哥嫂又代行父母之职——张志沂的二哥比他年长十七岁。

一个男人，从小到大，没有为自己的事情发过愁，过着饭来张口衣来伸手的日子，但是他也失去了为自己选择替自己决定的机会，就连他的婚姻也是别人一早牵好的姻缘，似一个木偶般不能有自己的意见。

每每想到张志沂的前尘往事，总觉得有种末路的荒凉之感。他读“四书五经”，旧学样样精通，以为可以像祖辈那样扬名科场，孰料 1905 年清廷取消了科举考试。这条路算是彻底封闭了。后来他也学英文，他的家里甚至订了英文报纸，但总有种这样的感觉：像墙上一幅美丽的画，画中的鲜花无论多么璀璨却无法芬芳你的心房。

他这样一个清朝遗少，命运对他没有展现出过多的宽厚，他总是那样谦和，为了一家子的和顺。当黄素琼与他的嫂子发生龃龉时，他像是个夹心饼干般无所适从。在婚后的一段时间内，他的日记里充满了“莹归宁”这样的字眼——归宁是妻子回娘家的旧称，他的娇妻在老房子里受了委屈，隔三岔五地就要回娘家诉苦，他作为一个男人无能为力，这种深深的无力感，也许每个有了婚姻的中国男人都体会过吧？

那时候的他们感情尚可，还没有过多的争吵，即便有，也是为了他们的哥嫂。有共同的“敌人”，他们的矛盾还没有那么快显现出来。

当一切矛盾的根源被冬雪般深深掩盖的时候，我们总意识不到厚厚的雪层下面是一群蠢蠢欲动的生命——希望与伤害都被包裹在白茫茫的一片天地中，只待一个冰雪消融的机会。

行将奔走的灵魂

我母亲虽然出身传统世家，但思想观念并不保守。尤其受到“五四”运动及自身经验的影响，她对男女不平等及旧社会的腐败习气深恶痛绝。对于父亲的堕落，母亲不但不容忍，还要发言干预，这就和我父亲有了矛盾和对立。

——张子静

离开了一直辖制着他们的同父异母的哥哥嫂嫂，张志沂夫妻俩一时间像重获自由的鸟儿，漫无目的地飞——漫无目的的也比囚禁了羽翼来得要好。这一点，无论如何是改变不了的。

他们开始了一段“肆意妄为”的日子，过了一段开心的生活。“我记得每天早上女佣把我抱到她床上去，是铜床，我爬在方格子青锦被上，跟着她不知所云地背唐诗。她才醒过来总是不甚快乐的，和我玩了许久才高兴起来。我开始认字块，就是伏在床边上，每天下午认两个字之后，可以吃两块绿豆糕。”

有母亲的日子，阳光都是和煦的，连空气中都飘着一股甜腻的香气，张爱玲后来形容在天津的家里常有种春日迟迟的感觉——也许那股子慵懒和安定才是家的底色吧？

只可惜春太短，眨眼工夫就到了肃杀而萧瑟的秋。像一个一夜暴富的穷人一样，多数人是不懂珍惜眼前的光阴的，只会一味挥霍他的所有。所谓来得快往往去得也快，世间事有时就是这样经不起推敲。

张志沂对突如其来的自由内心自然是欣喜的，终于没人管着他了。中国的男人是多么惧怕大家长的管理，而中国的女人又是有多么喜欢“管理”男人？这才是悲剧的源头，也是矛盾重重的根源所在。

“我开始有记忆的时候，我们家已经从上海搬到天津，住在英租界一个宽敞的花园洋房里。那是1924年，姐姐四岁，我三岁。那时我父亲和同父异母的二哥分家不久，名下有不少房屋、地产。我母亲也有一份丰厚的陪嫁，日子本来过得很宽裕。但不久我父亲结识了一班酒肉朋友，开始花天酒地，嫖妓、养姨太太、赌钱、吸大烟，一步步堕落下去。

“我母亲虽然出身传统世家，但思想观念并不保守。尤其受到‘五四’运动及自身经验的影响，她对男女不平等及旧社会的腐败习气深恶痛绝。对于父亲的堕落，母亲不但不容忍，还要发言干预，这就和我父亲有了矛盾和对立。”

张子静曾经这样描述过他的父母。对这样的父亲——吃、喝、嫖、赌样样都来的男人，做子女的心中多少也隐约有些失望吧。

他将从前不得志的种种忧郁与苦闷全抛撒在了烟铺上、妓女的胸脯上、骰子的点数上。他是寂寞的，说出这样话的不是他心爱的妻子黄素琼，也不是他的继承人张子静，而是后来差点儿被他打死的女儿——张爱玲。张爱玲说爱固然是种认同，但恨有种奇异的了解。

张志沂自己虽是个软弱的男人，但骨子里所受的儒家教育还是有着十分重要的影响。“夫为妻纲”，他一定是这样认为的吧。他还保留着一切封建社会中男人的思想，自然也想要男权社会里的一切特权，包括纳妾。他不能允许妻子的抱怨与指责，他搞不懂他眼中的自然而然，为何到她那里就是忍无可忍。

他们之间的裂痕越来越大，争吵声越来越大，争吵的次数越来越多，他们只顾着自己的发泄，忘了两个只有三四岁的孩子。张子静后来的回忆里写着他如何听见争吵声害怕地躲在保姆的身边，他不知道姐姐会不会觉得害怕，因为她习惯坚强，她没有说，可是想了想便知道她跟他一样恐惧。这个家是不复从前的温馨了。

此时，那种春日迟迟的空气里弥漫了硝烟的味道。

家如同累卵般危在旦夕，好似一不小心就瞬间会倾覆。她无论多么早慧，无论多么坚强，也只不过是个只有三四岁的孩童罢了。保姆们抱着他们下楼，让他们在院子里玩耍，以为这样便可以消散对战火的恐惧。院子里有个秋千，平时姐弟俩抢着荡秋千，可今时今日那秋千在午后细密的阳光下照耀着，只令人感到一种虚空的惘然。

伴随着争吵声的还有各种器皿的破碎声，这个家不

复过去的宁静了。

“我姑姑也是新派女性，站在我母亲这一边。”兄妹两个个性上的冲突此时也跟着凸显出来。从前白雪掩盖着的矛盾，终于不可避免地暴露于光天化日之下。一个女人的指责与“叛逆”已经让张志沂感到十分头痛，何况再来一个。

面对着两个强势的“新女性”颐指气使的模样，他无力解决这种矛盾，却也不愿听从她们的“好意”——他这辈子只能这样了，祖上的荣耀没来得及看见，心情苦闷跟着一群有着同样家族背景的遗老遗少，吃花酒赌钱，借酒浇愁吧。

饮鸩止渴罢了。不是不懂，只是找不到出路的烦闷无处排解。姨太太倒不会管他这些乱七八糟的事情，不会逼着他上进，只要给她钱用就可以了——他不明白为何素琼不能如此！

他走在堕落的边缘，一面享受着放纵的快感，一面受着因此而来的麻烦的煎熬。黄素琼与张茂渊两个女人眼见着劝慰他完全不起效，内心便谋划着一个惊世骇俗的计划。女人们固然容易因性情相投而亲密，却更易因为有共同的“敌人”而同仇敌忾。她们两个人此刻算是“二位一体”的了，姑嫂如此亲密倒也罕见。

黄素琼见这个男人如此不珍爱自己的身体和家族的名誉，慢慢地对他的态度由规劝变为责骂，直到失望，她的婚姻也许是走到尽头了——真快啊，她想着，这才几年啊？小煐才四岁，小魁还是个体弱多病的孩子！

可是，难道要把自己大好的青春浪费在这个毫无前途的男人身上吗？她知道自己从来就不是一个传统型的母亲，不会为了男人与子女奉献自己的一生，她还有寻觅幸福和自由的机会。

她害怕如果还待在这个家里，她将会变成一个整天唠唠叨叨的黄脸婆，她不想过从前母亲们的日子——一辈子将自己当个活的祭品一样献给一个家庭，临了开始抱怨和邀功——这个家要不是我在撑着早就散架了！是的，这样的话不绝于耳，中国的女性是惯于牺牲的，以至于认为牺牲乃是理所当然，稍微出脱一点儿，为自己的终生想一点儿，倒像个十分自私的女人，太不像话了。

她的心里一直在做着剧烈的斗争，出走还是留下？她对着梳妆镜里自己美丽的面容，痛苦万分。留下，意味着她将成为一个抱怨的妇人和族人称赞的好媳妇、好母亲；出走，她将拥有一个把握不住的未来——谁知道将来的道路上能遇上什么呢？她预感到只要提出出走，对这个保守的旧家庭来说简直像扔了颗炸弹——炸伤别人的同时，自己也未必能全身而退。

她，难道要做新一代“中国的娜拉”？

可是，“娜拉”就算有勇气迈出第一步，如何活着都是个问题。她毫无生存的技能，没有上过正式的学堂，一句英语不会，没有钱——好在她还有祖上留下的古董，她鄙视张志沂那样不求上进只想着靠祖上留下的钱生活，料不到自己如果出走也不得不成为这样的一个人。生活，有时对我们而言就是一个巨大的讽刺。你越讨厌什么，你越有可能成为一个什么样的人。

有人说，出走最大的困难不是技能，甚至不是金钱，而是勇气。勇气她是不缺的——湖南人是最勇敢的，她继承了湖南人的刚烈，说走就走！

一旦下定了决心，恨不能立刻就生出一对翅膀自由翱翔。这才明白，这个暮气沉沉的家多么令她讨厌，她鲜活的生命在这里只能枯萎。至于孩子——她管不了那么多了！

她想着该如何去跟张志沂解释自己出洋的决定：说自己想去英国学英文？显然通不过，他们就住在英租界里，到处都是洋人，家里不缺请个洋教师的钱！要么称自己去学艺术？难道在中国就没有艺术，什么样的艺术非要出国去学？

借口连自己都听不下。罢了，不如直接说吧。

任何事情，最后总被我们证明直截了当有时是最佳解决方案，像两点之间直线距离最短一样，拐弯抹角有时只会适得其反。

背影，记忆里的香气

要做的事情总找得出时间和机会；不要做的事情总找得出借口。

——张爱玲

一个女人只要对她的婚姻还有一丝一毫的希望，断不会贸然做出离家出走这样离谱的事情。即便是刚烈如黄素琼这样的女人，在面对婚姻时仍脱不了反复与犹疑的习惯。有时张志沂好点儿了，去姨太太那边没那么勤了，她也会有一霎的犹豫，然而也至多是一霎。

决定像箭在弦上不得不发，张志沂越发不像个样子，吃、喝、嫖、赌样样都来，从来不知收敛，甚至仗着堂兄是交通部部长，对那个英文秘书的工作也不太上心，总是三天打鱼两天晒网。她咬咬牙，恨铁不成钢。终于到了摊牌的一刻——张茂渊要去欧洲留学，年龄太小总要有个监护人。我跟她一起去。

张志沂简直不敢相信自己的耳朵！这个女人如今越发离谱，作为两个孩子的母亲，她竟然想到抛夫弃子出海留洋！她以为她是谁！她不是毫无羁绊的女人，怎能说走就走？这个女人怎么变了？她那么狠心吗？

让黄素琼狠心的不是时间，而是张志沂一点一滴琐屑的消磨。世间再美好的爱情到头来少有能抵挡细水长流的平淡，何况他们之间还没有深爱过就要经历这水滴石穿的考验。

张志沂坚决反对，这样的家事让他如何跟其他亲友解释呢？人家会说家门不幸或者有辱家风。一向做事优柔退让的张志沂在这件事上表现出少

有的强硬，他不能这样放任事态的发展，她若走了，他不是要成为一个没有妻子的男人？——姨太太老八毕竟是堂子里的，不是正妻，在这个问题上他也跟所有旧时的男人一样，讲究明媒正娶。

他们是父母之命媒妁之言，当年张御史的公子与黄军门的小姐，一时传为美谈，多少人赞他们郎才女貌佳偶天成。如今，才过了多久他们就要让全城人看笑话？！绝对不行。没有任何商量的余地。

黄素琼是个说到做到的女人，其实她跟张志沂这样说，不过是看在夫妻一场的情分上，到底他还是一家之主，到底他还是她的丈夫。她不是与他商量，事实上她自己也焦头烂额，她对他们的婚姻毫无头绪，找不到任何出口。她像一个被伤透心的女人，只得找个借口出去散散心，希望能借助欧风美雨吹散心头的忧伤与烦躁。

她并非是个无情的人，对他多少还有点儿眷恋，只是这段婚姻如同一个病入膏肓的病人，她这个并不高明的医生绞尽脑汁也想不到医治的方法。远遁，也许是最佳方法吧？

除此之外，还能怎样呢？一声叹息。

她和张茂渊两个人收拾好行李，一人带了两箱古董——那是她们到欧洲衣食住行的全部。幼小的姐弟俩还不明白他们的人生将从此而改变，他们的母亲将不得不抛下他们，将他们的命运交给时间去裁决。太残忍，却又有着万般无奈。

当她们收拾停当后，却在临出发前出了点儿事——家里遭到小偷的盗窃，偏偏什么都不少，只少了她们的行李！多奇怪，家中谣言四起，都说行李是张志沂指使下人去偷的，没人敢当面问他。

生活中总会有这样的事情，真相薄如蝉翼，人人都看见却只能当作不知道，没人有勇气去拆穿那层纱，像皇帝的新装一样，谁要去做那个鲁勇的孩童呢？

行李遭窃，黄素琼气得不知如何是好。她心知肚明，本想着去跟张志沂发一通火，奈何无凭无据，于是便生生地咽下了这口气。但她跟张茂渊两个人都不是半途而废的人，已经做好的决定岂能这样就偃旗息鼓？

两个人肚里各自存了一口气，又默默地装了几箱古董——你能拿走，我就能再接着装！各式各样的衣物又重新置办了一套，张志沂自始至终都是冷眼旁观，他料不到这两个女人铁了心真比男人心肠还要硬！

拿了她们的东西，居然还要走——看来，这颗心已经关不住，只怕早已飞到了大洋彼岸。

临了真的要走了，黄素琼趴在竹床上嘤嘤地哭泣，没人敢去劝她。是她自己要走的，离别真的来临的时候却还是忍不住潸然泪下。除了小煐与小魁，这个破落的大家族，无论自己曾经多么厌弃，那么多年总也有过一些温馨的时光吧？

小姑张茂渊上来催了一趟，她不管不顾地还在哭——一个母亲要与自己的骨肉分离，不哭才怪；一个女人要与家庭决裂，是要付出怎样惨痛的代价？没有过婚姻的人约莫体会不到黄素琼此刻的心情，就像后来从未做过母亲的张爱玲一样，她终生对她的母亲有种隔膜的认知与了解。

下人上来跟张爱玲的保姆何干说，时间到了，再不走只怕来不及了！订的是船票，有些昂贵——要不走也是不行了，为着这昂贵的船票也要走一遭，哪怕搭上昂贵的温暖与爱。像离弦的箭一样，开弓没有回头箭。

黄素琼焉能不知道这样浅显的道理？她只是难过。两个孩子被保姆推到自己的身边，他们还那么小，还不知道什么是离别。孩子是没有愁绪的，他们永远快乐，即便是悲伤也只是一瞬，此后只有她想他们的可能，他们却连她的样子也会记得模糊。

张志沂早知道这一天会到来，只是料不到真的来临的时候，心里除了愤慨外还有点儿别情离愁。他害怕分别，那种丝棉线割裂心口的痛楚，一点儿也不好受。他逃了，藏在了姨太太老八的家中。

眼不见心不烦。

他可以避走，因为他是一家之主。可他的孩子们不得不面对伤痛的一刻。保姆们将小煐推给她的母亲，使了个眼色，那意思是我们都是做下人的，哪里敢催促太太呢？你就不同了，你是她的女儿呀，赶紧说吧。

小小的张爱玲，就那样机械地站在母亲的床头，看母亲哭肿的双眼还有略微凌乱的头发，她还不明白这到底是为了什么。她只得按照用人教她的话，对着哭泣中的母亲说："婶婶，时间不早了，走吧。"——张爱玲算是过继给另一房的，所以称呼自己的父母为叔叔婶婶，不过据张子静晚年的回忆称，他也是这样叫自己的父亲母亲，据说是黄家的习惯，不知姐弟俩哪个说的是真。反正，她叫她"婶婶"。

母亲听了毫无反应，她只得杵在那里，一遍又一遍地重复着用人教她的话。她还没有离愁的概念，只觉得母亲如此必定是种忧伤的事情。她呆立在那儿，有点儿手足无措，不知如何是好。好在，一个丫头将她抱了下去。她只感到浑身上下有种解脱的轻松。

终于到了码头，母亲与姑姑一起真是漂亮！这是她们张家的两个"新

女性”——当时具有新思想的一批人大力称赞她们的勇敢，称她们是具有进步思想的新女性，而那些黄家、张家、李家的旧亲友面子上不说，背地里都说她们两个人“不安分”——都二十八岁了，两个孩子的母亲了，自己走就罢了还要带着小姑子！像什么话嘛！

说的比唱的好听，周围的亲戚一定有这样看热闹的。黄素琼与张茂渊这次的出走风波在几个家族内引起了巨大的反应。她们虽然是所谓新女性，但还是顾及张家的颜面，告诉众人她们是出国留学——总要有个好的名目，不是吗？

丫头老妈子带着两个孩子还有前来送行的亲友，熙熙攘攘站在码头上，等着最后的时刻来临。在这样煎熬的时候，竟然又出现了戏剧性的一幕——有人将黄素琼丢失的几箱古董给送了过来！

临了，还是妥协，还是要展现温情的一面。可惜，已经晚了。汽笛声像拉长的呜咽声，替他来送行与哀泣。滚滚的海水汹涌澎湃像翻滚的沸水，

似乎要把她整个儿放在那巨大无边际的锅里蒸煮。

码头上的人群立在那儿不住地挥手，对着越来越模糊和渺小的身影告别。珍重声此起彼伏，说的都是一样的话，可离别的人心里却有着不一样的愁绪。

在一群五味杂陈的成人里，小煐与小魁只是一副茫茫然的表情，他们实在不知道该做何反应，甚至不太明确妈妈与姑姑是做什么，为什么突然那么多的亲友要来到这个人潮拥挤肮脏不堪的码头。

他们自小便跟着保姆，饮食起居样样都是老妈子们照应，因而对于母亲的离去，他们甚至未感到有什么缺失。只是，从此，母亲的背影只能是他们记忆里的一抹香气了——嗅得到，摸不到，朦胧的美感、回忆的幻想装点了他们此后的童年岁月。

春日迟迟

最初的家里没有我母亲这个人，也不感到任何缺陷，因为她很早就不在那里了。

——张爱玲

当黑绿色的海水裹着各种欲望与不舍，离开了码头，黄素琼已经不再是过去那个裹着小脚的大家族小媳妇，而是一只重获自由的鸟儿，她期待着遥远的英国能给她带来焕然一新的生活。

她给自己取了个颇具文艺气息的名字——黄逸梵，大约换名字的瞬间多少有种改头换面的感觉。她不再是她了，而是一个二十八岁的自由女性，身边跟着的是比自己小几岁的小姑子张茂渊。如果说这桩婚姻还有什么令人惊喜的话，也许就是在丈夫令自己失望过后还能与小姑子成为知己。女人要成为好朋友真不容易。张爱玲自己写文的时候也这样说道。女人与女人不太可能过于亲密，因为她们有较多瞒人的事情。

但女人与女人之间，一旦共享了私人秘密，感情便云蒸霞蔚起来。女人的友谊其实可以很持久，只要没有男人横亘其间。

她义无反顾地离开了生养她的祖国，离开熟悉的一切，投入到一个全然陌生的环境，只为一个可以期待的未来。

她走后，对两个孩子来讲，影响并不太大。张爱玲曾经在《私语》里这样写道：最初的家里没有我母亲这个人，也不感到任何缺陷，因为她很早就不在那里了。

从前有句老话说，从来只有想孩子的父母，没有想父母的孩童。话虽然说得过于绝对，然而对于只有三四岁的孩子来讲，却又有着令人心酸的真实。因为小煐和小魁太小了，还不懂得何为相思。母亲的离开对他们实在没有太大的影响，他们日日照常在院子里荡秋千，老保姆何干每天必定带着他们去一趟公园，这是黄逸梵走之前定下的规矩。

对于家的感觉，也许何干给予的比她还要具体实在。

这个少言寡语的老妈子总是践行着她所认定的一切，每日清晨当小煐醒来的时候，她会用舌头舔一舔小煐的眼睛，说清早的唾沫有元气，对眼睛好。不过她做这一切自然是等太太离开家以后的，因为她知道黄逸梵一定会反对。

家里的用人虽然不太希望太太出走，但黄逸梵的离开又给了他们行动做事的自由。这一阶段对整个家来说，实在是安静而宁馨的一段时光。张志沂起先独自去姨太太老八那里——老八是堂子里的说法，其实就是老鸨养的第八个女儿，后来慢慢地没有妻子的管束越发放纵起来，甚至带着张爱玲去老八的小公馆去。

也许，几岁的孩子已经有种朦胧的预感——母亲的出走大概跟这个什么姨奶奶有关。因而，她几乎是本能地反对，哭着说不要去，一双小手扣住门框子不松手。张志沂一看来了气打了她，硬是抱着她去了小公馆。

其实，之前黄逸梵在家的时候，他便偷偷带她去过，下人们很是担心，他倒是一副无所谓的样子——别告诉她不就完了吗？如今她已在万里之外，还想管得住他的身与心吗？

张爱玲跟着他到了小公馆里，他立在楼下直着嗓子喊："下来，来客啦！"姨太太老八袅袅娜娜地从楼上下来，又瘦又小的身形让她看起来显得弱不禁风。她比张志沂大几岁，跟着他的时候已经不小了，样子虽小巧玲珑，但瘦削的样子看起来有些憔悴。

父亲家

张家也好，黄家也罢，甚至李家的亲友，都搞不懂他为何会看上一个比自己大几岁的“黄脸婆”。都说女儿是父亲前世的情人，只有张爱玲洞穿了这个小秘密。她后来在自传体小说《雷峰塔》里用轻描淡写的一句话带过，张志沂喜欢瘦削的女人，无论是妓女还是姨太太统统差不多，眉眼间怎样看都有点儿黄逸梵的影子。

也许，内心里他爱她还是多一点儿吧，否则何以要到处寻找那么一丁点儿相似？因而，他不介意老八比他大几岁，这些不是他要的重点。

黄逸梵走了没多久，旧历年一过，姨奶奶堂而皇之地入了张家的门，代黄逸梵行使女主人职责。

老八来了以后会是怎样的光景呢？幼小的张爱玲已经记得许多事情，那么早慧的她在《私语》里这样写道：“母亲去了之后，姨奶奶搬了进来。家里很热闹，时常有宴会，叫条子。我躲在帘子背后偷看，尤其注意同坐在一张沙发椅上的十六七岁的两姊妹，打着前刘海，穿着一样的玉色袄裤，雪白地偎依着，像生在一起似的。

“姨奶奶不喜欢我弟弟，因此一力抬举我，每天晚上带我到起士林看跳舞。我坐在桌子边，面前的蛋糕上的白奶油高齐眉毛，然而我把那一块全吃了，在那微红的黄昏里渐渐盹着，照例到三四点钟，背在用人背上回家。”

这是张爱玲记忆里颇为热闹的场面，她因为喜欢有人声有人气的地方，那种烟火气让她迷恋了一辈子，哪怕到了晚年离群索居的她依然对这种人间的味道感到很有兴味。

她是喜欢姨太太的，尽管心里每想到这个便隐隐有些不安。是啊，哪有母亲刚走就立刻接纳另一个女人的？但，她确实如此。姨太太缘何那么“抬举”她而忽略弟弟，原因她在小说中全部交代了。

大约觉得儿子终归是继承家业的，而女儿就不是了，无论怎样抬举她将来总是如同泼出去的水，翻不上天。再者，家中人人都宠着弟弟张子静，这位姨太太想要拿出儿点威风也好，出于逆反的心理也好，便对小少爷爱理不理，反倒是对大小姐张爱玲百般疼爱——虽然这疼爱里有些虚假，不过是为了在她的父亲张志沂面前邀功。然而，到底是疼爱。因而，张爱玲内心里对她并不反感。

姨太太故意跟她一起穿着母女装，四处游逛，倒是恍惚中有种真母女的感觉。这种亲密很多年后她还记得。姨奶奶有一次花了大钱给她做了一件当时顶时髦的衣服，张爱玲的心立刻被“收买”了。

这位被张爱玲形容为“苍白的瓜子脸，垂着长长前刘海”的姨太太，向她说：“看我待你多好！你母亲给你们做衣服，总是拿旧的东拼西改，哪儿舍得用整幅的丝绒？你喜欢我还是你母亲？”

“喜欢你。”张爱玲这样告诉她。姨太太满意地笑了。

羊毛出在羊身上，尽管姨太太花的还是她父亲的钱，可有着这份心就难得了。张爱玲终其一生都对别人的一点儿小恩惠记忆犹新，她在晚年写给好友邝文美的信中就曾说她是个对友情之类没有太多要求的人，别人的一点儿好她就感到满足，有时甚至感到一丝惶惶然。

姨太太的到来让张家改变了不少，除了热闹的人气外——姨奶奶从前堂子里的好姐妹很喜欢到她家来做客，一群女人叽叽喳喳，不改堂子里会应酬的本色，谈笑往来，家倒是喜气了，就是少了点儿庄重在里头。

但，好歹像个家了。

暮色里相依为命

一同玩的时候，总是我出主意。我们是“金家庄”上能征惯战的两员骁将，我叫月红，他叫杏红，我使一口宝剑，他使两个铜锤，还有许许多多虚拟的伙伴。

——张爱玲

不知为何，总觉得黄昏给人一种垂暮中的安全感，像怀了一肚子故事的老者一样让人感到安详，除了使人有昏昏欲睡的宁静，还有一种天荒地老的意味。

就像张爱玲的家，她说父亲的家永远是下午，在那里坐久了便要沉下去，沉下去。但父亲的家并不十分让她厌憎，她厌憎的是后母来了以后的家，在那之前她喜欢这股子黄昏气，跟后来的姑姑家一样给她种天长地久的感觉。

黄昏时分，在女佣“咚咚咚”切菜的声音里，那声音是人间烟火的美妙音乐。伴着饭菜飘香的气味，张爱玲与弟弟张子静开始了他们之间的小游戏，过家家也许能够使得他们暂时忘记了母亲的离去。

原本他们并不记得母亲，只是老妈子丫头们隔三岔五地问他们：“这个是谁买的啊？这个是谁送的啊？对，是妈妈和姑姑。你们要记得啊！”妈妈姑姑永远一体，也难怪张家的人要说她们是“同性情人”。

母亲虽然远在欧洲，但是心内总是惦记着她的一双儿女，不时寄回一些衣物。一张张爱玲和弟弟的老照片上，姐姐怀里抱着洋娃娃，身上穿着民国时期的夹袄和裙子，弟弟怀里则抱着一只小狗，安静地坐在藤椅上。

洋娃娃是妈妈从英国寄回来的，而那只姐弟俩十分钟爱的小狗也是母亲养的，在母亲走后它成了姐弟俩亲密的玩伴——只是后来那只可怜的小狗因为吵着父亲被下人给送走了，送走一次它又跑了回来——多忠心，想着就让人心疼的小家伙，再一次被送走的时候，下人将它的眼睛蒙上，送到了遥远的郊区。此后，它再也没有回来过。

那个洋娃娃在张爱玲的怀中，初看起来显得那么突兀，中西合璧的样子，自然看着触目惊心得很。中式传统袄裤像父亲那一面的遗赠，而洋娃娃是母亲那一面，那么迥异的特质却被她后来妙笔生花地搭配了，那么惊艳而动人，像她的文字，总有人说是用西方心理分析法写中国老故事，在二十年后的上海滩没有谁能像她这样写作，凄清而冷艳，也许根底就在这里。

弟弟虽然只比姐姐小一岁，但从小体弱多病，动不动就感冒发烧很是头疼，于是才有了张爱玲所写的那样“我能吃的他不能吃，我能做的他不能做”。因为不让他多吃，怕他的胃消化不了，于是常年的饥饿使得他特别嘴馋。

古老的中国人总是特别愿意相信饥饿使人清醒和健康，宁愿吃不饱也不能吃撑了，这和中国人的信仰也是有关的。在别人看来也许“过”与“不及”都一样不好，但在中国人心里，“过”似乎比“不及”还要让人讨厌。这样的事例多到无法列举，诸如宁愿做个缩头乌龟也不能去做那出头鸟，在“过”与“不及”的较量中，中国人是宁愿选择“不及”的。

不仅张爱玲的弟弟受过这样的饿，末代皇帝溥仪也如此，在他的自传《我的前半生》里，他就写过一次因为实在饿了偷吃了一块驴打滚，最后被几个太监架住往下“蹾”的事情——老太妃们愿意相信这样就能将积食“蹾”下去了。

这个弱小的张子静看见别人嘴巴动，总免不了要问一句：你吃了什么？想来也实在可怜，像他怀里那只“没人要”的小狗一样，人人都只当他是个可爱的小玩意儿。

“我弟弟生得美，而我一点也不……”张爱玲说他长了一双大眼睛，尤其长长的睫毛特别漂亮。他们常常逗他玩，问他：“你的睫毛能不能借我一下？”他一定是摇头否定的，设若遇到有人夸赞某个人漂亮，他会用孩童的虚荣问道：“有我漂亮吗？”

此时姐弟俩的关系是他们一生中的黄金时期，他们的世界里暂时还是一元的，没有妈妈那一面的欧风美雨，只有父亲的旧诗词、旧小说，以及请来的先生满口的“之乎者也”。

这时候的她还是完全中国式的。

偶有亲戚走动，姨太太虽然也抽鸦片，但那时跟父亲一切都还过得去，一副天下太平的样子。

对于此时的小煐来说，最开心的还是能够与弟弟一起玩耍，那种童年的记忆跟着她一辈子，走到哪儿都忘不了。后来她在小说里、散文里都写下了这样一段游戏的场景：

一同玩的时候，总是我出主意。我们是“金家庄”上能征惯战的两员骁将，我叫月红，他叫杏红，我使一口宝剑，他使两只铜锤，还有许许多多虚拟的伙伴。开幕的时候永远是黄昏，金大妈在公众的厨房里“咚咚”切菜，大家饱餐战饭，趁着月色翻过山头去攻打蛮人。路人偶尔杀两头老虎，劫得老虎蛋，那是巴斗大的锦毛毬，剖开来像白煮鸡蛋，可是蛋黄是圆的……没等他说完，我已经笑倒了，在他腮上吻一下，把他当个小玩意。

这样的日子持续了好一段时日，姐弟俩守住这小小的秘密，姐姐觉得自己像个指挥若定的小女侠，威风凛凛，很是受用。

孩子们的把戏往往早被大人看在了眼里，有一天他们玩耍之后，一个机敏的丫头便开玩笑喊了他们的名字——月红、杏红。这一叫不得了，张爱玲立刻感到一种灰心丧气的颓败感，原本以为自己是个无所不能的女侠，没料到却不过是别人眼中的小玩笑罢了。

这件事给了她特别强烈的启示——“霎时间她看见了自己在这个人世

中是多么的软弱无力，假装是会使双剑的女将有多么可耻荒唐”。

这就是张爱玲，早慧，记性好。

大约所有的天才都是相似的，某个方面有着异于常人的敏锐和早熟，某个方面又会特别迟钝。上天待人实在是公平——天才的乖僻与“无能”用不了多久便显示了出来——不过这迟钝也得等到母亲归来的一日才能被看到。

现下她还是个小书虫，每天喜欢钻到父亲的房间里东摸摸西看看。父亲甚至觉得她是很有点儿天资的，因而鼓励她读书认字。

三岁就会唐诗的她，等到母亲离开那一年已经认识不少字，自然认字这方面母亲的心力也没有少。

那年冬天，家里用人何干带着她去拜访隔壁路上的两个叔叔。其中一个清朝的遗老让她记忆深刻：他总坐在藤椅上，小小斗室里一个高大的老人。瓜皮小帽，一层层的衣服。旧锦缎内衣领子洗成了黄白色，与他黄白的胡须同样颜色。

他拉着孩子的手："认了多少字啦？有一百个吧？有三百个吧？"那一声声的问话中都是饥渴，渴慕下一代的声音。

张爱玲叫他"二大爷"。二大爷以前做过清朝的总督，受了皇帝的恩惠，因而时时不忘以前皇家的好，北洋政府也好民国政府也罢，再也不曾出来谋过一官半职。

他过得十分潦倒，张家称他们这一房叫"老房子"——有老就有新，"新房子"也是他们的兄弟，便是那位交通部部长张志潭，给张志沂谋了铁路局秘书职位的那一位。新、老之间不太来往，"老房子"生"新房子"的气，觉得他是丢了张家的脸，忘了从前的恩惠。但到底是一大家子，"新房子"每年会给"老房子"这边一点儿接济。这位二大爷从来不接——他的儿子却背着他统统接下来了，日子，总是要过的。

"背首诗我听听。"二大爷想听听张爱玲奶声奶气的背诵声。她略微有些紧张，缓缓开口道："烟笼寒水月笼沙，夜泊秦淮近酒家。商女不知亡国恨，隔江犹唱后庭花。"

背完了他不作声，她却看见他偷偷地拭泪。对这位风烛残年的老人来说，他的前程已经随着皇帝的逊位被埋葬了，想到从前清室的恩宠，不免难过落泪。

这是天津留给她的荒凉，也是笼罩在他们家族周围的阴郁。

对她父亲那一辈人来说，清朝就是他们的国。"国"没了，他们无力复"国"，只好放纵自己，用酒精、鸦片和女人来麻痹自己的感官。

"国"没了，他们的所有幻梦全灭了。

只是，他们还不肯醒。

父亲的馈赠

先要下功夫饱读经书，不然也只是皮毛。底子打得越早越扎实。女儿也是一样。我们家里一向不主张女子无才便是德，反倒要及早读书。将来等她年纪大了再驰纵也不迟。

——张志沂

张爱玲成名后，许多人声称她的作品里有《红楼梦》的影子，旧学底子十分深厚。张子静说姐姐的旧学全部来自父亲那一面，那是父亲最为慷慨的馈赠。许多年后当张爱玲独自寓居美国的时候，不知是否能忆起父亲的这一点好处来，尽管是他不多的优点中的一项。若是想起，定会原谅他从前的种种不好吧？

“你若了解过去的我，你便会原谅现在的我”，这是张爱玲恋爱时说的话，然而莫名其妙觉得这句话特别适合她的父亲张志沂。

张志沂尽管终生是个肩不能挑手不能提的文弱书生，但自小便受到良好的私塾教育，因而对于自己两个孩子的教育问题，他也一如既往地延续了传统，为他们请了位老先生。

从这件事情上看得出张志沂的思想终究还是保守得多，他自己倒是会英文，也知道他所熟悉而依赖的世界已经翻天覆地，然而轮到子女身上则还是宁愿相信老经验。因而他没有让两个孩子去学校读书，而是在家里学习。

先生来的那一天是个大日子，老妈子们纷纷嚷嚷道：“这下好了。”

仿佛先生来了姐弟俩的未来便能就此定了一样。两个孩子打扮一番后被拉到先生面前，那是个五六十岁的老头，满面油光。第一次的课姐弟俩记忆深刻，《论语》。木刻大字线装版，很容易弄脏，一天下来的小煐、小魁早已变成个煤窑里走出来的孩子，满面苍黑。

刚来的时候还是按照过去的礼仪，需要他们对着孔子的像跪拜磕头。小煐照做，只是心内并没有什么神圣的敬重——后来的她说她顶反感这样的仪式，越是大家斩钉截铁地认为的事情，她越是厌憎，诸如这样的跪拜，以及母亲在金钱态度上所表现出的清高，都成为她讨厌的地方。

叛逆，也许另一层意思是独立与清醒，绝不随声附和“从善如流”。

“先要下功夫饱读经书，不然也只是皮毛。底子打得越早越扎实。女儿也是一样。我们家里一向不主张女子无才便是德，反倒要及早读书。将来等她年纪大了再驰纵也不迟。”张志沂第一天便对先生这样说着，他变得特别健谈，与先生大谈特谈，谈教育现状，顺带着连同学校与西方的大学一并踩了踩——在他的心里估摸着还存了一股子气，黄逸梵代表的便是西式教育。学校就是西式教育的物化，他不能对此投了降。

这先生在张家并没有待了多久，两姐弟又成为“散兵游勇”，跟在父亲后面学习点儿旧学知识。张志沂心情好的时候特别愿意教他们，尤其是小煐，他在她的身上似乎看到了一丝父辈们的写作天赋，于是便一力鼓励她。

“我父亲对于我的作文很得意，曾经鼓励我学作诗。一共做过三首七绝，第二首《咏夏雨》，有两句经先生浓圈密点，所以我也认为很好了：‘声如羯鼓催花发，带雨莲开第一枝。’第三首《咏木兰花》，太不像样，就没有兴致再学下去了。”

应该说张志沂对文学也是十分喜爱的，他的屋子里藏着各种各样的书，古今中外。那里便成为张爱玲自得其乐的小天地，自小便嗜书如命的她常常在那里与父亲一起讨论读书心得。

除此之外，幼年的她即对色彩有着天然的敏感，没事喜欢胡乱涂两笔。张爱玲不止一次说过她对颜色总感到一种饥渴，所以喜欢色泽明丽的颜色——许是她的世界一直阴雨连绵，缺乏安全感，因而才会对色彩有一种近乎贪婪的酷爱。就像她能欣赏中国的旧体小说却不太喜欢国画一样，在她的观感中国画的颜色未免太素淡了。她喜欢刺激。

她的画很不错，因此她感到自豪。在《弟弟》中，她写到过这样一件事，因为她的画十分好，在她走开后，出于孩童的嫉妒心弟弟拿起笔，在她的画上画了两道黑杠子。

如果说文学是父亲的馈赠，那么绘画绝对算母亲的真传。黄逸梵跟刘海粟与徐悲鸿熟识，在留洋期间她曾拜师学习了油画。又或许，女人天生对色彩敏感。

不到八岁的时候，她已经在父亲的指导下读完了《三国演义》《红楼梦》这样的皇皇巨著。那时候的她已经是亲友圈里出名的小天才，正如她后来技惊四座的《我的天才梦》里所说的一样。

七岁的时候，她甚至写了一篇家庭悲剧小说。从这个天才的事迹里，除了她的早慧让人吃惊外，恐怕倒是更多的荒凉感。第一次写文章便是关于家庭悲剧，由此可见她该有多敏慧且让人哀怜。

这个没有母亲的家，无论如何对她来讲都是种缺憾。

这个时候她甚至已经准备向报纸副刊投稿，她的天才还在积淀中，总有一天会喷薄而出。张志沂此时对她感到十分满意，毕竟女儿遗传了他的文学天分，而这些年黄逸梵远在天边，功劳他也自然而然地认为是他一个人的。

当张爱玲仿照当时的报纸版式自己设计了一份家庭报纸时，他大加赞赏——报纸的文字与图片全是她一力完成，怎不让人欣喜呢？因而每逢亲

童年的张爱玲

友来访，他都要拿出来给人家炫耀地说："看，这是小煐做的报纸！"

那声音里有为人父的骄傲，也有那么多年压抑的喷涌吧？自己这辈子算是不中用了，但没想到倒让他培养了一个小天才。

他是该感到自豪的，在这一点上谁也不能抹杀他的功劳，即便后来父女反目也还是如此。

小煐除了喜欢读书画画，她最爱干的一件事是听人讲故事，尤其是老故事。后来她那么爱看电影，喜欢写小说，也许也与此有关——都是让人哭哭笑笑的故事。她缠着老妈子讲各种传奇，白娘子与许仙的故事，听了不知多少遍也听不腻，雷峰塔倒了，有种令人欣喜的快慰。

下人里还有个被她称为"胸怀大志"的男佣，识字不少喜欢写大字，她总是跑过去软磨硬泡让他讲《三国演义》。老妈子朴素的善恶有报和《三国演义》的虚幻传奇给了她最初的创作灵感。

为此，她差点儿写了《隋唐演义》。

一个人以后的人生走向，在某些人身上是能够看出个一二来的。但凡大作家，似乎总是比别人敏锐，喜欢观察人与事，就连爱听故事也都一样。鲁迅小时候也听了一肚子的善有善报恶有恶报，日后全进了自己的文章里，不许一点儿浪费。

这些古典文学根基日后在遇到母亲带过来的新思想时，便会迸发出十分奇异的火花，令人目眩口呆，心生向往。

张爱玲的母亲已经走了快四年，几年里他们没有妈妈的温言细语，只有老妈子的悉心照料。但老妈子毕竟隔了一层肚皮，每当她读不好书或者惹父亲生气的时候，何干都会一脸淡漠的表情，这让她感到厌憎——莫非只因为她是个女孩子又或者她只能永远地讨好家里人，一旦得罪了父亲，便得罪了全天下？

母亲年轻时的照片

在这样的时候，她的内心是孤独的。她想念自己的母亲，那个总是穿着得体优雅的女人，不知在海外的几年过得如何。

她能获知母亲信息的唯有她从欧洲寄过来的玩具了。

这个家倒是宁静了几年，父母在的时候一味争吵，那么多无谓的争吵，像一根根针刺痛她的心，只是她不习惯表达爱，不习惯表达恐惧和厌憎，生活将她洗练成一个内向、敏感而寡言的女孩。

她将心事全盘托付给书籍与绘画了。几十年后，她在给好友宋淇夫妇的信中，还不忘说“书是人类最好的朋友”之类的话。

书籍给了她与这个世界对话的平台，也给了她日后所有的自信与荣耀。“在没有人与人相交接的地方，我充满了生命的欢愉”，终其一生，她最擅长的还是与文字打交道，而非与同类。

可惜这个伴着书香的家还是没能宁馨多久，姨奶奶与父亲开始没完没了地争吵，有时甚至发展到要动手的地步。他们争执着，下人们冷眼旁观。小煐的心里应该比较复杂吧？毕竟她多少有点儿喜欢她，这个名为老八的可怜女人曾给过她不少母亲般的暖色。

父亲在铁路局的职位也丢了，理由很简单，几乎不上班、狎妓、赌博，最坏的一项还是跟姨奶奶打架。“新房子”的主人丢了官职，张志沂受到牵连，这辈子唯一正式的工作也没了。

他心灰意冷，想起黄逸梵的好来。是啊，若不是当初自己顽固，怎会将家里搞得一团糟？妻子总是为着自己好的。

他的情绪糟糕透了，跟姨奶奶吵了一架又一架，起初还只是君子动口不动手，后来忍无可忍互相扭打了起来。姨奶奶一着急，抓起一个什么劳什子扔向张志沂，结果打破了他的头！

张志沂大骂着要她滚。天津和北京的亲友又来帮忙，挤对着让老八走人。老八闹了半天，还是半点儿名分也没有，难免心寒吧？

姨奶奶走了。临走的时候，小煐被何干搂在怀里，看着她上上下下，进进出出，搬了两塌车的物件——真奇怪，才来了几年，哪里来那么多的东西呢？左不过一些女人的衣物和坛坛罐罐吧，随她去吧。

一场感情最后落得这样的收场，多少有些凄凉吧？小煐八岁的心智隐约已经能够理解这种男欢女爱的悲哀与无可奈何。

该走的总会走，该来的总会来。

面对千疮百孔的过去，直面它；面对扑朔迷离的未来，直视它。

如此，足矣。

一刹那的悲与喜

出走，归来，再出走，好似一个人生的怪圈，它是套在张爱玲母亲黄逸梵身上一生的魔咒，这个紧箍咒不时发作，时好时坏，影响了张爱玲前半生的悲欢离合——甚至在她的心里永远地种下了安全感缺乏的因子。

朱红的快乐

到上海，坐在马车上，我是非常侉气而快乐的，粉红地子的洋纱衫裤飞着蓝蝴蝶。我们住着很小的石库门房子，红油板壁。对于我，那也是有一种紧紧的朱红的快乐。

——张爱玲

姨太太走了，走得突然，就像她来的时候一样，说不上悲喜，只有感慨。姨太太刚走，就有消息传出来——黄逸梵跟张茂渊要回来了！

一家子热热闹闹，像迎接新年般，下人们告诉她说：“要回上海了！高兴吗？”高兴！怎能不高兴呢？她还是在那里出生的呢，一别几年，真不知那庭院的蔓草有没有疯长，有她高了吗？

后来她才从七嘴八舌的议论中拼凑出母亲归来的真相——父亲答应不再出去乱来，撵走姨奶奶，戒烟戒赌——简直是洗心革面的样子！

只是，老话说人若改常，非死即伤。江山易改本性难移，多少年来我们听着这样的话长大，好叫我们在变幻莫测的命运里摸到一点儿踏实的规律。

不过，眼下他约莫也是真心实意地悔过，已经三十多岁了，他的人生几乎一眼就看到头儿了。年轻时候读的书，还没等施展就过了效用。他领着一张过期的门票徘徊在名利的门口，末了，总算受了点儿教训，他才知道那些学问都是做不得真的。没有用，还是真刀实枪的日子来得真实。

过日子，就是要有个像样的妻子。姨奶奶当然不行。妻子对姨奶奶的反对声言犹在耳，若要她回来，只能一了百了，让自己做个“新人”，这样的他，黄逸梵这个拥有新思想的人才能接纳吧？

几年前她便是那样一个要求男女平等的人，如今到欧美走了一遭，只怕更甚，他能想象得到。

他已经做好了准备。他先行回上海，找房子，下人们连同两个孩子一起坐船回来。

“上海什么样子？船要经过什么地方？”她抬起一张稚嫩的脸问何干。老妈子不知从哪儿听了消息，只告诉她说要经过“黑水洋绿水洋”。

“我八岁那年到上海来，坐船经过黑水洋绿水洋，仿佛的确是黑的漆黑，绿的碧绿，虽然从来没在书里看到海的礼赞，也有一种快心的感觉。睡在船舱里读着早已读过多次的《西游记》，《西游记》里只有高山与红热的尘沙。”

黑的似盲人的黑，绿的是莹莹的绿，不消许多字眼，好似已经能够看见那海水——想象里的海洋。

在这样嘈杂的环境里，她还不忘温习下《西游记》，日后那样一下子红遍天下不是没有缘故的。

一路上伴随着沉闷的聒噪与汗津津的刺鼻气味，在摇晃与颠簸中，在《西游记》的幻想里，他们终于到了上海。

“到上海，坐在马车上，我是非常侉气而快乐的，粉红地子的洋纱衫裤飞着蓝蝴蝶。我们住着很小的石库门房子，红油板壁。对于我，那也是有一种紧紧的朱红的快乐。”

母亲要回来了，下人们个个高兴得合不拢嘴，他们不住地说“这下好了”。——我们中国人总是有一股近乎执拗的天真，以为一个家有父亲母亲便是十分完美的，于是才有了宁拆一座庙，不毁一桩婚。

下人们觉得这个家终于像个家了，有了女主人的家才像寻常人家。尽管，太太回来了，他们多少要受到点儿辖制，但中国人喜欢被管，没人管

反而有种走投无路的惶恐感。他们是惯了的。

父亲派出了最得力的下人去接母亲——母亲从南京的娘家陪嫁过来的男用人，自己也欢天喜地地去了码头。一家子喜悦中带着点儿不安，不知太太四年来的变化，人人面上都喜形于色。那阵仗与等待的心情活脱脱一个贾府等着元妃省亲的模样——一波三折，下人开着车去码头等了一下午，黄昏时候回来告诉一家子说太太让娘家人接走了——去了张爱玲的舅舅家。

白等了一天！白白浪费了她的心事。

她特意穿着一件自己特别中意的衣服——橙红色的丝锦小袄穿旧了，配上黑色丝锦裤很俏皮。

吃罢晚饭，暮色里她们终于回来了！她和弟弟被老妈子收拾停当带进了楼下的客厅。这是一别四年后他们的第一次见面，张爱玲在《雷峰塔》里这样写着她眼中的母亲与姑姑：两个女人都是淡褐色的连衫裙，一深一浅。当时的时装时兴拖一片挂一片，虽然像泥土色的破布，两人坐在直背椅上，仍像是漂亮的客人，随时会告辞，拎起满地的行李离开。

原本应当是十分快乐的会面，然而她却快乐不起来，原因是她的母亲才见面就说：“怎么能给她穿这样小的衣服？”黄逸梵说衣服太小了拘住了长不大，又说她的刘海太长了，会盖住眉毛，要何干把她的刘海剪短。

黄逸梵总是这样，面对孩子总有一肚子的话，教育课听得人头昏脑涨。但，中国的父母又有哪个不是这样呢？

爱美的张爱玲对此很有意见，认为短短的刘海显得傻相——这还不算什么，最气人的还是她对那身衣服的批评，因为那是她最喜欢的而且也是最拿得出手的衣服。凭什么？

这种委屈和赌气，很有点儿像一个满心期待得到夸奖的孩子，小心翼翼地拿着自己的画作，满以为大人一定给个响亮的吻和一连串的“真棒”，哪知却是劈头盖脸的批评与训斥——其实这原不过是黄逸梵的个性，后来的张爱玲跟黄逸梵在一起的时候，总怕行差踏错，就此引来一顿无端说教，即便是写信给她也从不多说生活的细节，只一味说些“套话”——套话是最无错误的话，然而，也是最令人沮丧的话，因为充满了距离和揣测。

这样让人神伤的母女关系，想来不仅让张爱玲头痛，只怕更为寒心的还是黄逸梵这个做母亲的人。

姑姑觉得才见面就这样批评不太好，于是便转了个话题，大赞弟弟小魁长得漂亮。姑姑总是这样，一直充当她与父母的黏合剂。可黄逸梵并不买账，接过嘴就说：“太瘦了——男人漂亮有什么用？”

若张爱玲能够体谅她母亲个性上的不讨喜处，也许会发现黄逸梵未必不喜欢她。黄逸梵喜欢什么都自己做主，看着不符合自己意的便要一番理论，就像这个带给张爱玲“朱红的快乐”的石库门房子，她也不满意，皱皱眉说这样的屋子怎能住人呢？

张志沂赶紧说他早知道她必须亲自挑了房子，这不过是暂时居所罢了，回头她喜欢哪里就搬到哪里。说这话的时候，这个男人对她有着怎样的包容与爱呵！

老妈子陪着她们说说坐坐了一会儿以后，天越发晚了，黄逸梵倦了，问了句何干是否准备好了床褥，然后拉着当时只有八岁的张爱玲说："等你长大了，你就会明白——我这次回来，只是答应你二叔回来替他管家。"

"二叔"就是她的父亲张志沂。

母亲算是回来了，这个家又像个能够正常运转的机器，从前缺了她这个重要人物，虽然平静而快乐，却总有股莽汉乱碰的兴奋，到底是没多少底气的。

"然而我父亲那时候打了过度的吗啡，离死很近了。他独自坐在阳台上，头上搭一块湿手巾，两目直视，檐前挂下了牛筋绳索那样的粗而白的雨。哗哗下着雨，听不清他嘴里喃喃说些什么，我很害怕了……"

姑姑回来后见到他这个样子十分气恼，叫了家里的下人，又请来舅舅

和舅舅家的门警——原本是舅舅请来保护家人的，害怕一时战乱，有人会趁机浑水摸鱼，哪知道人高马大的男人平时没派上什么用场，这会子倒是显出他的作用来了。

张志沂说死了也不肯去，尽管他已经离死不远了，然而还是不愿意踏进医生的门。张茂渊给他请了个法国医生，莫非他心底里认为洋人医好了他是种侮辱不成？

一个发了疯地做“垂死挣扎”的人总会有无穷的力量，几个人捆绑着他才将他送到了法国医生那里。那一刻，说不定他是恨这个妹妹张茂渊的，甚至懊悔让她们回来吧？

不管他喜欢不喜欢洋人，对待吗啡这样的“病症”，洋医生确实很有一套，住了一段时间院，他活着回来了，完好如初。

“不久我就做了新衣，一切都不同了。我父亲痛悔前非，被送到医院里去。我们搬到一所花园洋房里，有狗，有花，有童话书，家里陡然添了许多蕴藉华美的亲戚朋友。我母亲和一个胖伯母并坐在钢琴凳上模仿一出电影里的恋爱表演，我坐在地上看着，大笑起来，在狼皮褥子上滚来滚去……”

多么踏实的快乐，触摸得到的温馨。

向左 or 向右

画图之外我还弹钢琴，学英文，大约生平只有这一个时期是具有洋式淑女的风度的。此外还充满了优裕的感伤，看到书里夹着的一朵花，听我母亲说起它的历史，竟掉下泪来。我母亲见了就向我弟弟说：“你看姊姊不是为了吃不到糖而哭的！”我被夸奖着，一高兴，眼泪也干了，很不好意思。

——张爱玲

母亲回来了，一切都与以往不同，她周围的环境与色彩不断变幻，像魔术师的手一样，只消轻轻一挥它便从淡雅悠远的国画变成色彩明艳的油画。

母亲与姑姑的朋友很多，既有教音乐的也有教绘画的。小煐姐弟俩度过了很多个这样的午后——姑姑十指纤纤弹着钢琴，母亲立在琴架旁唱着令人喜悦的歌，有时还会有一些洋人朋友过来，加上旧亲友，熙熙攘攘一屋子的漂亮朋友。母亲像个会变魔术的女主人，为大家精心准备了各种精美的糕点、奶茶……这样西式的聚会对张爱玲来讲太新鲜。

从她记事开始，她所闻惯的是鸦片烟令人困乏的味道，以及一切陈腐的气味，这些来自父亲的记忆成了她日后想甩也甩不掉的包袱。

自然，来自父亲的也不全是这样陈朽，比如那些黄昏时分阅读的书香。

张爱玲陶醉在美妙的音乐声中，有时会冲弟弟张子静微笑一下，使个眼色，那意思像是说——看，有妈妈在家就是不一样吧？真好！

母亲有一天问小煐：你想学绘画还是音乐？张爱玲人小鬼大，她一直都是那种洞穿一切却不肯说出来的人。她用心揣测母亲的用意，到底是说绘画还是音乐呢。一时间只有八岁的她想不出任何好主意，于是便谎称自己需要好好想一想。缓兵之计。

黄逸梵觉得很有道理，选择未来不得不慎重。

姑姑跟她们两个一起去电影院看了场电影，多年以后名字已经记不得，但她独独能记得电影讲述的是一个落魄画家的故事。她在电影院里看了只觉得那样贫穷实在让人颓丧，最后自己忍不住哭了起来，嘤嘤地啜泣，心下想着原来画家的日子是这样凄惨，她不要过这样的生活，太可怕了。

她那样动情，黄逸梵只当她是个懂艺术的小女生呢，末了她告诉母亲自己不愿意做一个穷困潦倒的画家，还是学音乐吧——毕竟音乐会都是在金碧辉煌的大厅里举行的。

母亲承认这一点，确乎如此，如若你想学绘画就要做好潦倒的心理准备。张爱玲自然不会选择绘画，尽管她自小就喜欢涂涂画画，事实上成年后的她也一直钟爱绘画，她的早期作品中时常有她自己设计的效果或者配上插图。

但此时此刻，她还是个害怕贫穷的小女孩，想起找父亲要钱时候的难堪，那种立在烟铺前长长久久地等待，父亲沉默不语，这些童年时就开始的印象，让她对金钱有了近乎本能的喜爱。

此后的人生轨迹确实证明贫穷让人活得惨烈。

那你想要学什么？左不过小提琴和钢琴。她小心翼翼地揣测着母亲的意思，梵哑铃（小提琴）的声音太悲凉了，让人掉眼泪，像戏剧里的旦角。

“钢琴。”她这样跟黄逸梵说。黄逸梵赞许地点头，她惶恐的心暂时落了地——幸亏没选错，否则又要惹母亲不高兴。其实，她对于母亲的揣测倒并不是因为害怕受厌憎，完全是一个爱慕母亲的孩子想要讨好母亲的想法。

黄逸梵说：“要学琴，第一件事要学的便是爱护自己的琴。”对于一个音乐家来讲，乐器就像是剑客手中的剑，自然是要万分小心的。母亲，不愧是母亲，在欧洲待了四年，学会了那么多尊重在里头——对一架琴也如此，这态度令人敬佩。

其实，黄逸梵和张茂渊两人名为留学，实则游学。四年里她们学会了英文，母亲的一双小脚甚至学会了游泳，两人还曾到阿尔卑斯山滑雪！这样的事情每每说起来总令张爱玲心驰神往，说不定自己哪一天也就到欧洲了。

黄逸梵给她挑了一个白俄罗斯钢琴家做钢琴老师，费用自然也是不少的，这也成为日后父女之间的爆发点。

她在《私语》里这样写道：画图之外我还弹钢琴，学英文，大约生平只有这一个时期是具有洋式淑女的风度的。此外还充满了优裕的感伤，看到书里夹着的一朵花，听我母亲说起它的历史，竟掉下泪来。我母亲见了就向我弟弟说：“你看姊姊不是为了吃不到糖而哭的！”我被夸奖着，一高兴，眼泪也干了，很不好意思。

这种所谓“优裕的伤感”是典型少女时期的感怀，那时候她家境优越，母亲在旁，怎能不生出这样优裕的情怀呢？

母亲见她从未上学，只是一味在家里读书，觉得这肯定是不行的。她一心希望将自己的女儿打扮得像个欧洲上流社会的淑女，自然是要接受西式教育。

她要带小煐去读小学，这个消息无疑像一枚炸弹在张家再次炸开了锅。张志沂无论如何不同意，他的倔强与保守一时间又上来了。黄逸梵跟他大吵，日子仿佛又回到几年前她要出走的时候。

黄逸梵向来一不做二不休，她知道张志沂的脑筋像陈年的老日历一样，还不甘心退出历史舞台，于是便偷偷地带着张爱玲去她朋友的学校黄氏小学报了名。报名的时候需要填写中文名字，此时的她只有“张煐”这个唯一的称号，黄逸梵觉得实在土气又难听，坚决不用。可是她一时又想不起什么像样的来，灵机一动，便将小煐的英文名Eileen音译过来，随手一填——张爱玲。

黄逸梵想着以后想到好的了再来换，无所谓的，她绝对想不到的是这个她灵机一动想到的名字，日后成为红遍整个华人世界的大作家，就是这个看起来十分通俗的名字，写出了世间那么多永恒的小爱情，还有那些洞察敏锐的人性的角落。

张爱玲后来自己谈到这个名字，觉得虽然十分恶俗，但到底还是喜欢的，因为这种烟火气使得她时刻警醒自己不过是个自食其力的“小市民”，她的名字就像她任何一个普通的读者一样，那样亲切，没有距离。

世间事往往就是一个偶然的因素才酝酿出让人惊愕的结果。一些我们拼尽全力去做的事情，最后常常落得一场空，难免要责怪命运的不公；有些我们从不在意的人，却在困顿之中让我们柳暗花明。所谓落花有意流水无情，也所谓有心栽花花不开，无心插柳柳成荫。

用了最多的心，未必结出最美的果；临时一动的念头，却有出人意料的结局。在这红尘滚滚的人间，有多少事就是出于我们的一个不经意，有多少情也正是因为我们的一个偶然回眸，才换得终生的厮守。

像张爱玲的父母，家人亲友那样欢天喜地地以为他们注定在一起，这样的郎才女貌羡煞旁人。可惜，用力太猛的事情，往往没有好结局。

时光若能倒回那个五光十色的年代，让我们见着那样一位不开心的美妇人和一位末世的才子，大约我们的心也会跟着痉挛一阵。

他们又开始争吵了，在和好不久后又开始了没完没了的争执与伤害，只是，这一次再无和好的机会了。

我的心像一根木头

我知道他是寂寞的，在寂寞的时候他喜欢我。父亲的房间里永远是下午，在那里坐久了便觉得沉下去，沉下去。

——张爱玲

婚姻像一条寂寞而悠远的路，只有相互扶持着才能通向永生的未来。

这世间总有许多令人感到无可奈何的事情，一朵花的凋零、一阵风的疾逝、一段情的褪色……一个人面对自己的感情虽时有手足无措的感觉，但好在身在其中，好与坏都有自己的把握，但面对身边人感情的疾速萎谢，只有心焦如焚的份儿，因为你够不着救不了。

张爱玲面对她那对冤家父母，大约就是这样的心情。她的父亲张志沂在治好病以后，故态复萌，忽然后悔了起来，于是便重新开始与鸦片为伍，堂子照常逛，跟从前姨太太的好姐妹老三好上了！这些还不是这段婚姻最致命的地方，最要命的是他不肯出钱，处处想要妻子贴钱，这便犯了大忌。哪有一个男人处处惦记着女人的钱的？

他之所以这么做，无非是怕她再次出走，以为靠着这样的方法，榨干她的钱，不是等于捆住了她的手脚了吗？从这件事上看来，张志沂一直是个“天真”的男人。当一个女人变了心，或伤了心，哪里还能捆得住？

关于这件事情，张爱玲曾这样描述过：我父亲把病治好了之后，又反悔起来，不拿出生活费，要我母亲贴钱，想把她的钱逼光了，那时她要走也走不掉了。他们剧烈地争吵着，吓慌了的仆人们把小孩拉了出去，叫我们乖一点儿，少管闲事。我和弟弟在阳台上静静地骑着三轮的小脚踏车，两人都不作声，晚春的阳台上，挂着绿竹帘子，满地密条的阳光。

黄逸梵终于忍无可忍。她看透了眼前的这个男人，一辈子没什么本事，靠着祖上的庇荫生活，除了抽大烟、逛窑子，念几句破诗词，他还会干点儿别的吗？从来没见过他赚钱，他都是有出无进——也难怪他要这样的精打细算，这样永远只有花出去的钱没有进来的，太可怕。张爱玲说了不止一次，“我太知道他的恐怖了”。

张志沂的母亲，李菊耦当初因为孤儿寡母的生活也是这样有出无进，害怕坐吃山空，所以特别节俭。张爱玲的老妈子何干从前是李菊耦最为信任的用人，她就说过“老太太省啊，连草纸都省”。

可是黄逸梵顶看不惯这样的作为，她喜欢豪掷千金，喜欢享受，像一切爱美的女人一样，她的衣橱里挂满了漂亮的衣服却还不嫌多，然而张志沂却说，人又不是衣架子，要那么多衣服干什么。他们在很多问题上无法统一意见，于是夫妻两个像回到了从前在天津的那段日子，没完没了地开战，没完没了地伤害。一个人在愤怒的时候，总是失去理智，失掉理性的话语比任何刀锋都尖利，杀人不见血。

像张志沂这样反反复复的态度想来着实让人气愤和遗憾。其实，不是他变了，只是他之前的状态不在常态罢了。那时的他丢掉了工作，与亲戚之间多少存了点儿尴尬，再加上自己打吗啡已经到濒死的边缘，自然只想抛弃这熟悉的一切，从头来过。

人类是这样的一群生物，不到“死到临头”，不到遇见重大的生活变故，是无论如何也想不起反思自己的生活的。就像一个被医生诊断为癌症的病人，他所能想到的一定是重新好好地生活，珍惜眼下的光阴。但若过一段时间医生告诉他说是被误诊了或者已经治愈，只怕他又将滑入过去他所熟知的生活。

惯性使然。

李菊耦与儿子张志沂（左）、女儿张茂渊（前）

张志沂便是如此。他重新拾捡起这些被黄逸梵看不起的一切，以为那就是他的寄托与尊严所在。然而，黄逸梵早已不是几年前出走欧洲时候的女人，她看见了外面的世界，知道天有多高地有多厚。

她心灰意冷，这段错误的婚姻实在无须假模假式地维持下去。

她要离婚，做一个真真正正彻底的新女性。“离婚”两个字在亲友之间又炸开了锅，且比上一次她的出走更具有爆炸性。中国人的婚姻是这样的，宁愿死守着不幸福也不能撒手，因为讲究从一而终，怎能半途撂挑子呢？

在婚姻这件事上，人们宁愿赞颂一个女性的保守——只要她不离婚，什么都可以商量，也不会去认同一个女人追求幸福的自由。这有悖常理。

张爱玲在小说中就写过她的一个表大妈，其实真实的身份是李鸿章的长孙媳妇，她一辈子婚姻不幸福，丈夫李国杰根本不爱她，她战战兢兢地守候了一辈子，如同跟着古墓活了一生，但是她不会想到离婚。她跟黄逸梵和张茂渊还时有来往，有她做例子，谁能想到黄逸梵那样坚定执着？

何况提出离婚的不是张家的男人而是黄家的女人！张志沂起先是暴跳如雷，坚决不同意离婚。后来黄逸梵请了租界里的一个英国律师，那阵仗是铁了心要走。

几次三番后张志沂同意了，然后又在最后签字的关头反悔了。他的嘴里不住地喃喃自语道：“我们张家就没有这样的事！”还是一副老派的思想，以为离婚是一件不太光彩的事情，尤其还是黄家的女人提出来的，要他如何见列祖列宗呢？

每每想到此，他就焦躁不安，一次次答应了签字又一次次拒绝。直到黄逸梵冷漠的眼睛望向他，幽幽地说了这样一句话——我的心已经像一块木头了！

张志沂听到这样的话心内一定是波涛暗涌，他没想到自己在她的心中竟然像一根朽木般没有生命，而正是这根朽木伤害磨钝了她的心。

他看了一眼这个与自己共度过那么多年的女人，叹了口气终于同意离婚。

一段互相捆绑互相伤害的婚姻终于解脱了，没有输赢和对错，只有合适不合适，对他们来讲这段姻缘不是月老的多情而是长辈的“无情”。根据离婚协议书，两个孩子的抚养权都归张志沂，另有一项特别的规定，以后所有涉及小煐的教育问题必须征得她的同意——包括她读什么书，上什么学校都要黄逸梵点头同意了才可以。

她这样卫护女儿，根底还是她自己思想里对男尊女卑思想的厌憎。张爱玲记事开始，她的母亲与姑姑时常说“我们这一代是晚了”这样的话，然后要小煐锐意图强，言下之意你们这一代人再也不能过我们这代人的日子了。

爱什么人要自己选，读什么书也要自己选，至于职业更是如此。一句话，凡事需自己拿定了主意才好，切莫做一个任人宰割的羔羊。母亲刚回来的时候，问他们想要把房间涂成什么颜色。张子静一如既往地沉默，张爱玲心内狂喜，赶紧要了橙红色，她说这种色彩没有距离，温暖亲近。她觉得那是她第一次有了属于自己的东西，其实，不过是因为自己挑选的便觉得万分珍贵。

但，因为于她来讲这样的事情实在少之又少，于是便显得弥足珍贵。她终生都在渴望一处属于自己的居所，在《私语》里，她这样说：“我要比林语堂还出风头，我要穿最别致的衣服，周游世界，在上海自己有房子，过一种干脆利落的生活。”

她的弟弟张子静认为母亲黄逸梵给她留的最宝贵的东西也许是她遗传了母亲的艺术细胞，其实，黄逸梵的勇敢与独立才是她最好的馈赠。

只可惜这么伟大的馈赠只有女儿受惠，她的独子张子静却不曾分得一分一毫，就连离婚协议书里也不曾提及关于儿子的教育问题。倒不是做母亲的偏心和狠心，她以为张志沂那样的家庭怎么也不会亏待她唯一的儿子吧。

女儿就不同了，她从小的经验告诉她，中国的家庭是宁愿牺牲女孩子的前途以保证儿子的。事实也确乎如此。

因而，她拼尽一生的力量所要保证的不过是张爱玲的受教育权，而这也成为一个女人唯一的出头机会。她不去相信那些流言蜚语，尽管后来的她多有抱怨。朋友都跟她讲，女孩子读书没什么用，将来到底是要嫁人的，还是人家的人，不划算。

她气愤和焦躁的时候便把这样的话喊了出来，这成为让张爱玲一辈子耿耿于怀的地方。

父母离婚了。“他们的离婚，虽然没有征求我的意见，我是表示赞成的，心里自然也惆怅，因为那红的蓝的家无法维持下去了。幸而条约上写明了我可以常去看母亲……”

母亲离开了父亲的家，姑姑因为一向与母亲交好，跟父亲意见不合，因而也跟着她搬了出去。她们租了个小洋房，过起了单身女性的自由生活。

父亲在衣食方面不算讲究，唯一讲究的地方是“行”，他只肯在汽车上花钱，还有在鸦片上舍得花血本，即便它的价钱一而再再而三地疯长，他都不肯戒了烟。跟姨太太一起抽，与小舅子黄定柱一起抽，跟后面娶的女人一起还是抽，直到抽光了祖宗留下来的老本，抽光了儿女教育的资本，甚至独子张子静的婚事也就此罢休了，这才戒了烟。

难怪张爱玲这样厌憎她的父亲，在父母离婚这件事上她显然是站在母亲那一边的。“我父亲的家，那里什么我都看不起，鸦片，教我弟弟做《汉高祖论》的老先生，章回小说，懒洋洋灰扑扑地活下去。像拜火教的波斯人，我把世界强行分作两半，光明与黑暗，善与恶，神与魔。属于我父亲那一边的必定是不好的，虽然有时候我也喜欢。我喜欢鸦片的云雾，雾一样的阳光，屋里乱摊着小报，（直到现在，大叠的小报仍然给我一种回家的感觉）看着小报，和我父亲谈谈亲戚间的笑话——我知道他是寂寞的，在寂寞的时候他喜欢我。父亲的房间里永远是下午，在那里坐久了便觉得沉下去，沉下去。”

可即便是这样日落一样不可避免地沉下去，她还是爱过他的，尽管她多次说过自己不曾爱过父亲。她崇拜母亲，同情父亲。他们这一段悲伤的婚姻虽然结束了，但伤害与影响还不曾消失。旧的东西在崩塌，还将有更大的破坏要来。

不可挽回的脚步

人生聚散，本是常事，我们终有藏着泪珠撒手的一天！

——张爱玲

生活又回到了从前的轨迹，像上海六月天下的梅雨，滴滴答答，忧伤而安静。原本以为黄逸梵回国后这个家会重新走上“正常”的道路，哪知道幻梦灭了，她回来给了做梦的人一个响亮的嘴巴子。

父亲搬离了母亲挑选的家——那个所谓红的蓝的快乐的家，住进了一所石库门弄堂房子，靠近她的舅舅黄定柱一家。张爱玲在小说《小团圆》里写到他这样选择，大约还是不肯死心，以为靠近黄逸梵的弟弟便能随时得到她的消息，指不定哪天她回心转意又要来复婚呢。

他是真的爱她。

不幸的婚姻简直是一场灾难，无一人能够幸免于难。张志沂永远只能守望着黄逸梵却再也无法靠近她，黄逸梵却因此不得不一次又一次地出走，寻找她的自由与爱情。在中国，那样一个年轻貌美的女性，离了婚还生过两个孩子，只怕没有男人敢爱她。她常说中国人是不懂得恋爱的，中国人只喜欢少女——处子，仿佛女人只要是处子便身价高了不少。因而，在张爱玲长到十几岁的时候，她总不忘交代她一句——千万不要有男女关系。

幸福的家庭都相似，不幸的家庭则各有各的不幸。托尔斯泰的警世恒言放之四海而皆准。

在陈旧的婚姻里浸泡了好多年的黄逸梵终于决定再次出走。“不久我母亲动身到法国去，我在学校里住读，她来看我，我没有任何惜别的表示，她也像是很高兴，事情可以这样光滑无痕地度过，一点麻烦也没有，可是我知道她在那里想：下一代的人，心真狠呀！”

张爱玲一直就是这样的一个人，感情内敛，不惯表达。她喜欢将一切都藏在心里，要么绘图，要么读书写作，在色彩缤纷的世界，在文字萦绕的天地，她抛洒了全部的热情与理想。

在人与人的交际上，她不惯于此，即便是自己最亲的亲人，就算是爱人，也没有过多表达的欲望。因此，她的所作所为常常被人误解——误解了也不解释，这就是她。越说越乱，她对自己的语言表达总是不自信，以至于后来遇见能言善辩的胡兰成顷刻间就缴械投降。她崇拜他，人总是容易崇拜一个在你弱势的方面显得强势的人。

其实，她的心里未尝不感到哀伤。“一直等她出了校门，我在校园里隔着高大的松杉远远望着那关闭了的红铁门，还是漠然，但渐渐地觉到这种情形下眼泪的需要，于是眼泪来了，在寒风中大声抽噎着，哭给自己看。”

她的确是哭给自己看，连给她最后一点儿温暖的母亲也走了，她感到的是一种深深的无助感和孤独感。在这个世上，没有谁会永远陪着谁，大约在母亲的来来去去中她体悟到了人生最初的苍凉。

好在她还可以去姑姑那里。“母亲走了，但是姑姑的家里留有母亲的空气，纤灵的七巧板桌子，轻柔的颜色，有些我所不大明白的可爱的人来来去去。我所知道的最好的一切，不论是精神上还是物质上的，都在这里了。”此后姑姑的家一直给她一种天长地久的踏实感，除了姑姑之外，也许这股母亲的味道也是安慰人心的一剂良药。

此时的她已经上了一所教会学校——圣玛利亚女校，开始看巴金、老舍、张恨水的作品。圣玛利亚女校是旧上海著名的贵族女校，与中西女中齐名。这所学校一向以英文教育闻名，学生都说得一口流利的英文，所有

圣玛利亚女校

的女生梦想着能嫁给一个门当户对的男人，做外交官夫人。

因为是教会学校，除了英文教育外，自然宗教活动也是必不可少的，仿照当时美国女校流行的教育方法，她们在校期间还要学习烹饪、缝纫、园艺等课程，完全按照当时的西方上流社会淑女培养方法来教育学生。

美国著名女演员茱莉亚·罗伯茨曾经饰演的影片《蒙娜丽莎的微笑》反映的正是这一时期美国社会的女性问题，也是由这样的校园运动开始，只不过换成大学而已。

学校十分重视英文，对中文教育难免忽视。据传很多学生连一张像样的中文便签写得都别别扭扭，真的很难想象，在这个教会女中日后竟然诞生了震惊文坛的女作家。像是一幅色调风格全然西式的画作，冷不丁旁边冒出一株东方情调的红梅，那样触目惊心，那样惊喜万分。

在圣玛利亚女校读书期间，因为父母离异带来的心情灰暗，张爱玲完全成为一个内心敏感异常的内向少女。在这所贵族学校里，她是真正的贵族，是落魄的贵族。她对一切活动都不感兴趣，成日只知道埋头读书，偶尔上课的时候偷偷地给老师们画速写。

与其他同学朝气蓬勃的面貌不同，她好似还没成熟就已经苍老。这种早慧表现在很多方面，诸如十二岁的时候就石破天惊地说了这样一句话：人生聚散，本是常事，我们总有藏着泪珠撒手的一天！

这样老练，简直似看破红尘的老者。

也许，透过她冷淡的表情看过去，便能理解这个少女的话了。那时候母亲离开中国，也许是这样的事情让她觉得聚散无常。她说父亲是寂寞的，母亲走后她同样是寂寞的。平时回家她喜欢在父亲的房间里与他一起聊一聊文学，在文学方面父亲一直是比较支持和赞赏的，大约跟他自己的喜好有关。他在自己的小圈子里以诗闻名，被称为“小杜牧”。

十二岁的时候她已经看出《红楼梦》后四十回写得前言不搭后语，于是便跟父亲探讨后四十回的续作问题。十二岁，很多人还不知道《红楼梦》是什么，她却已懂得这本书的前后不一致。为此，她魔怔了一辈子，少年时写了一本《摩登红楼梦》，父亲张志沂煞有介事地给她拟了回目：沧桑变幻宝黛住层楼，鸡犬升仙贾琏膺景命；弭讼端覆雨翻云，赛时装嗔莺叱燕；收放心浪子别闺闱，假虔诚情郎参教典；萍梗天涯有情成眷属，凄凉泉路同命作鸳鸯；音问浮沉良朋空洒泪，波光骀荡情侣共嬉春；隐阱设康衢娇娃蹈险，骊歌惊别梦游子伤怀。

张志沂旧学功底着实了得，怪不得张爱玲日后能写出那样亦新亦旧的好文章。

张爱玲在父亲这里体味到一种暮气沉沉却安稳踏实的味道，虽不及母亲带来的新鲜别致，却是血脉里一直流淌着的中国传统文化。在父亲这里她不仅看到了《红楼梦》这样的书，还有《官场现形记》，及至后来听张子静说了才知道的《孽海花》。在《小团圆》里她描写一段战乱期间在教授的阅览室里拿杂志看，自然而然地想到从前在父亲书房取书的情景。

父亲虽鼓励她读书，但总有些图书不适宜孩童看——他不明说，她知道，于是便趁着他昏昏沉沉闭目养神的瞬间偷偷溜进去，摸出来一本书，看完了，再用同样的方法偷偷放进去。神不知鬼不觉，父亲的书柜成为她少年时期最要好的朋友。

也是在那里她第一次看到胡适的作品集，胡适先生是首先提出《红楼梦》后四十回为高鹗续书的大学者，想来正因为少年时期的这一印象，大有跟胡适心有灵犀的感觉，因而后来到了美国后还心心念念，跟好友炎樱一起去拜访了胡适，也算了了她年少的心愿。

炎樱是张爱玲港大时期的好友，此时的她尚未登场。她们散落在上海的两个角落，静静等待着命运的推手。

生命中总有这样的时候，对我们重要的一些人有可能就在身边我们却不知，不到那一刻完全没明白宿命的安排，像面纱一样罩着。

对张爱玲稍有了解的人都知道炎樱，可是却很少有人知道在圣玛利亚女校的时候，张爱玲也有一位好朋友，姓张，叫张如瑾，江苏镇江人。

在她最灰暗而敏感的时期，如若没有这个天资聪颖的女生陪伴，也许会更加颓丧。两个人没事的时候总爱谈电影、文学，张爱玲喜欢张恨水，她喜欢张资平。两个女孩时常为了谁优谁劣争论不休——这种争论是青春独有的，以后想要再得再也没有了。

在暑假的日子，她也不忘乘车来上海，只为找张爱玲一起谈天说地，可见友情的亲密。

寻常人只认为张爱玲冷艳、孤僻，其实，对于一个心思细腻的天才少女而言，她只是没有那么健谈罢了。友谊对她来讲，宁缺毋滥。如果对方的个性与喜好不能与自己相投，又何须强在一起说些无谓的话呢？

志趣填满想象的空间。

晴天霹雳

我只有一个迫切的感觉：无论如何不能让这件事发生。如果那女人就在眼前，伏在铁栏杆上，我必定把她从阳台上推下去，一了百了。

——张爱玲

黄逸梵出走法国的那段日子，张爱玲虽万事懒懒的，但心情尚可，跟父亲谈谈文学，没事去姑姑家聊聊天，看着各色美丽朋友进进出出。

她以为日子还是一如既往地这样过下去，直到一个晴天霹雳打过来，她才感到一阵天旋地转的痛楚——父亲要再婚了。消息是从她的姑姑张茂渊那里得知的，整日与父亲生活在一起，却不是他直接告诉她，也许父亲心内多少有点儿歉然。

羞于出口。中国的父母总是这样的，在面对再婚这样的事情时，在喜悦之余总掺杂着惶恐不安，生怕面对儿女时的尴尬——要是反对怎么办？

“我只有一个迫切的感觉：无论如何不能让这件事发生。如果那女人就在眼前，伏在铁栏杆上，我必定把她从阳台上推下去，一了百了。”张爱玲这样说道。她的心里剧烈地斗争，尽管知道这斗争都是徒劳。

平静的湖水投入一块巨石，一声巨响之后，犯浑的水，不清不楚万事敷衍不敢较真，将是以后生活的原则。她不能要求年纪轻轻的父亲一直不娶，她没有那个胆量也没有那个资格。

向来只醉心文学的张志沂不知怎么鬼迷心窍跟着一个兄弟跑金融市场，情场失意的他赚了一笔钱，这使得他立刻成为别人家东床快婿的人选。帮他介绍女人的便是这位兄弟，在小说里张爱玲称他为“五伯父”。

正是在张志沂人生唯一春风得意的当口，孙用蕃出现了。孙家也是当年的名门望族，父亲在北洋政府做过总理，儿女亲家里既有李鸿章的后人，还有盛宣怀的后人、袁世凯的后人，全是显赫家世。

对于当年的张志沂来说，孙用蕃显然是下嫁了。

孙用蕃这样“委曲求全”不是没有原因的。她抽鸦片，跟徐志摩的夫人陆小曼是好友，当年人称芙蓉仙子。她的父亲家世虽显赫，但母亲是个不得志的姨太太，家里姊妹众多，连男带女二三十个。

年轻的时候她跟自己的表哥好了一阵子，家里死活不同意，嫌那男人家穷。倒像是《红楼梦》里迎春的大丫头司棋的命运，跟表哥相爱家人反对，末了没有别的法子解决难题，唯有一死。

孙用蕃也是这样的想法。她跟心头所爱相约吞鸦片自杀，她倒是吞下去了，可男人害怕了，于是赶紧给孙家打了电话，要他们到旅馆将她接了回去。她没死成，被父亲囚禁了起来——日后她那样对待张爱玲，想想都让人觉得不寒而栗，但偏偏有些女人就是这样的不可理喻。自己受过的罪必定让别人也亲自尝过了，那才算痛快。

孙用蕃的父亲孙宝琦

她为了爱情失了身，又差点儿丢了命，遇见张志沂的时候已经是个半死的女人，一个对生活失了兴趣的老姑娘，三十多岁了还没嫁出去。别人知道根底的都不愿意要这样一个“残花败柳”，只有张志沂不介意。他跟妹妹张茂渊说：“我知道她从前的事，我不介意。我自己也不是一张白纸。”倒是一副大丈夫的坦荡胸怀。

结婚的日子说来就来。如今的我们已经无法想象张爱玲当时的心情，她躲不过，跟着弟弟一起打扮一番像个木偶般参加父亲的婚礼。亲友在关注新娘子的同时，必定都替这对十来岁的姐弟捏了一把汗。读了那么多关于后母怎样心狠虐待前妻留下的孩子的书，想不到有一天这样的事情竟然落到自己的头上。

等着被人戏耍的猴子，没有选择。若是能够逃走，她该多么欢欣？然而，只是幻想，像五彩缤纷的肥皂泡，不用风吹自会破灭。

婚礼竟然是西式的。张爱玲曾这样“讽刺”了她的父亲——“世纪交换的年代出生的中国人常被说成是谷子，在磨坊里碾轧，被东西双方拉扯。榆溪（张志沂）却不然，为了他自己的便利，时而守旧时而摩登，也乐于购买舶来品。他的书桌上有一尊拿破仑石像，也能援引叔本华对女人的评论。讲究养生，每天喝牛奶，煮得沸腾腾的。还爱买汽车，换过一辆又一辆。教育子女倒相信中国的故事，也比较省。”

这样矛盾的男人，也许曾对黄逸梵倾心爱过，这一点点西式的东西算是靠近她的表示吧？然而，谁都料不到他竟然要行新式婚礼。

“婚礼也跟她参加过的婚礼一样。新娘跟一般穿西式嫁衣的中国新娘一样，脸遮在幛纱后面。她并没去看立在前面等待的父亲，出现在公共场合让她紧张。台上的证婚人各个发表了演说。主婚人也说了话。介绍人也说了。印章盖好了，戒指交换过。新人离开，榆溪碰巧走在琵琶（张爱玲）这边，她忍不住看见父亲难为情地将新剪发的头微微偏开，躲离新娘……”

婚礼上的张爱玲绝对不是唯一的伤心人，她的姑姑张茂渊因为与一个“表侄”的感情焦头烂额，没有前途，喝了不少酒，又带头闹洞房，她不过是要用热闹的氛围驱散心头的孤寂，方不显得她的青春已经逝去。

怀着对从前黄逸梵婚礼的回忆，以及对自己青春的回首，她比任何人都活跃，别人只当她是高兴呢，毕竟是自己的亲哥哥结婚。

十几岁的侄女看出了她的心事。到底，还是女人了解女人。一个异性的了解多少有限，同性之间哪怕是敌人，往往一个眼神、一句话就能够看透对方。

异性看异性总带着朦胧的幻想，男人如此，女人如是。

可惜，新娘子太大了，早已经走过爱情的生与死，没有小姑娘的娇羞，闹不起来。亲戚们隐隐有点儿难堪，张志沂倒是满心希望大家能够热热乎乎地闹起来。自从黄逸梵走后，他太寂寞了，这个家太冷清了。他需要热烈。

在离婚后的一段日子，他的寂寞曾那样昭然若揭。他恨自己，留不住孩子的母亲，决心改头换面，他甚至买了一台打孔机器、一架打字机，可思前想后终于还是没有任何行动，只荒废在那儿，被张爱玲当个玩具一样玩耍。

“他的房间仍是整日开着点灯，蓝雾氤氲，倒是少了从前的那种阴森。烟铺上堆满了小报，叫蚊子报。他像笼中的困兽，在房间里踱个不停，一面大声地背书。背完一段就吹口哨，声音促促的，不成调子。琵琶觉得他是寂寞的。她听见珊瑚（张茂渊）说起他在不动产公司的办公桌。琵琶那时哈哈笑，姑姑口里的她父亲什么都好笑。可是在家里就觉得异样，替他难过。”

是怎样的伤痛让他变得那样寂寞？大段大段背书，不是无聊而是那人声能赶走屋子里的冷清。

张爱玲是懂她的父亲的。女儿都是父亲前世的情人——尽管这辈子他们不相爱。

从此之后，她不再有独自立在父亲跟前与他一起谈文学谈家常的机会了。她虽不爱父亲，但这个男人终于要被另一个女人霸占了去。

就为了那熟悉的气味还有一起说红的回忆，她也无法从心底接受这个女人。何况，这个女人并不那么好相处。

孙用蕃原本在娘家就是出了名会操持家，谁不知道会操持家意味着什么——强势、抠门、精明。看她能够为了所爱想到吞鸦片赴死的法子，刚烈的程度只怕不亚于黄逸梵。

张志沂一辈子都爱消瘦的女人，一辈子受着强势的女人主导着。也许因为他的软弱，也许因为他的旧文人的温文儒雅。他不争，自有别人来争。他不问家事，自有别人来替他过问。

从此，这个家将不复宁馨了。

张家交给了孙姓女人。一切祸福喜乐，命运全由别人来裁判。

对张爱玲尚且如此，对张子静更是如此。

他们还不知道自己将迎来怎样的人生。

冥冥中总感到一股惘惘的威胁，毕竟来了个陌生人——这个陌生人，以后她要叫娘。

看不见的网

有一个时期在继母治下生活着，拣她穿剩的衣服穿，永远不能忘记一件黯红的薄棉袍，碎牛肉的颜色，穿不完地穿着，就像浑身都生了冻疮；冬天已经过去了，还留着冻疮的疤——是那样的憎恶与羞耻。

——张爱玲

张爱玲和弟弟张子静两个人看着布置一新的房屋，突然有种在天津那个家过节的感觉。桌子上摆满了糖果等吃食，像一种诱惑性地讨好——新来的后母总要先过了张志沂眼睛那一关。

弟弟胆子小不敢拿。张爱玲装作若无其事的样子抓起糖果低着头一顿猛吃，有了她这个榜样，张子静也不再客气。两个人专心致志地吃着糖，眼见着果盘快要吃了一半，两个人还长了点儿心眼，每个盘子均着吃，不大看得出来。

孩子的把戏永远这样的自以为是，像小时候一起耍剑做游戏时一样。以为自己无所不能，却料不到都在大人的眼睛里。孙用蕃陪房过来的女佣笑盈盈地站在那儿，讨好的声音说："吃吧，吃吧，多吃点儿。"他们本来还有点儿不好意思，这下则干脆吃个够。张爱玲觉得她们是用这样的小恩小惠收买他们，一面吃着一面感到羞愧——自己竟然那样容易就被收拾妥帖了。一霎想起黄逸梵，心里隐隐有些歉疚。

两个人准备给孙用蕃行大礼，左不过下跪磕头那一套。她说如今自己长大了，早已看开了，形式而已，做不得真的，于是便笑眯眯地行了礼叫了一声娘。

结婚没多久他们搬家了，搬回从前的老房子。"房屋里有我们家的太多的回忆，像重重叠叠复印的照片，整个的空气有点模糊。有太阳的地方使人瞌睡，阴暗的地方有古墓的清凉。房屋的青黑的心子里是清醒的，有它自己的一个怪异的世界。而在阴阳交界的边缘，看得见阳光，听得见电车的铃与大减价的布店里一遍又一遍吹打着苏三不要哭，在那阳光里只有昏睡。"

张爱玲说父亲不知怎么突然起了怀旧的心，在那所老房子里，他的母亲李菊藕去世，迎娶黄逸梵，生下女儿张爱玲。倒也未必是他要怀旧，日后跟父亲与后母一直生活着的弟弟也许更清楚事实的真相。

孙用蕃因为自来就有擅长主持家政的名声，新官上任还要烧三把火，何况是她那样一个要强而失落的老姑娘？首先，便是搬离这个黄逸梵喜欢的房子，去一个她讨厌的地方——老房子；其次，张志沂选择的住处距离黄家太近了，保不准黄定柱和他的那些个女儿一天到晚像间谍一样，将来跑到黄逸梵那里嚼舌头，自己岂非坏了名声？为了自由的便利，也要搬家。

搬家是孙用蕃的主意，她要拿出点儿威风来治理好这个家，再不许别人轻视了去。非但如此，她还进行了一系列"改革"。诸如将用人的工资进行一番调整，原来何干的工资从十块钱变成了五块钱，与其他用人平等。张家原本多给何干一点儿钱，左不过是看在她从前服侍过老太太的份儿上，地位也尊贵些。

如今，大家都一样了。何干敢怒不敢言，以前很爱提老太太那时候，现在再不说老太太半个字——怕别人听了去，以为她心有埋怨。何干带大的张爱玲将这一切都看在眼里，跟她一样忍气吞声，因为自己又是住读，回来时候比较少，因而一开始总还是敷衍着过去了。

她只是看着何干有些难过。她已经老了，人一旦老了仿佛所有人都要嫌弃。作为一个靠张家工资养活家人的老女佣，她只是害怕丢了工作——那么大的岁数，没人肯要了。因而尽管孙用蕃那样对她，她还是一口一个太太，热情里掺着一股近乎谄媚的悲哀。耳朵已经有点儿背，却将一双眼睛用得太多，总是太过紧张太过小心地转动着她的眼睛——以为能够靠着眼睛来补救。

家里养了两只鹅，孙用蕃认为鹅可以生蛋然后再生鹅。利滚利，好证明她的精明不是浪得虚名。可惜，天不从人愿。两只鹅每天昂首阔步地散步，就是不见动静。谁也不敢说——连鹅都不生养？太晦气。孙用蕃多么想要一儿半女，她将张茂渊送给张爱玲的娃娃抱了去，放在自己的屋里。

事后，张爱玲告诉姑姑时，姑姑大笑。这是所有女人的悲哀。

她的所谓精明会过日子还表现在送给继女穿不完的旧衣服上。没嫁过来的时候就听说张爱玲跟自己身材相似，瘦高，于是便好心带了很多衣服——大约还是想节省点儿钱，留着钱买鸦片，跟张志沂两个人躺在烟铺上吞云吐雾的时候最快乐，忘记了自己曾被最爱的男人抛弃过，忘记了自己怎样被家族人视为有辱门楣的女人，忘记了被父亲关押的黑暗，忘记了如今自己已经是两个半大孩子的后妈……

她太寂寞，跟张志沂一样。寂寞的人需要鸦片的氤氲互相安慰，对他们来讲日子太长了，磨难太多。

“有一个时期在继母治下生活着，拣她穿剩的衣服穿，永远不能忘记一件黯红的薄棉袍，碎牛肉的颜色，穿不完地穿着，就像浑身都生了冻疮；冬天已经过去了，还留着冻疮的疤——是那样的憎恶与羞耻。一大半是因为自惭形秽，中学生活是不愉快的，也很少交朋友。”幼年缺少什么，长大后便会特别想要弥补，因为缺乏安全感。

小时候吃不饱的人，长大了万分地喜欢吃；童年没有钱花的人，一旦发了财第一件事就是享受挥霍金钱带来的快感；少女时期没有美丽的华服，成年后便要加倍地补偿自己。

张爱玲所在的学校非富即贵，在那里她如同一只丑小鸭般。别人有漂亮的衣服穿，她没有；别人有美满的家庭，她没有；别人有那么多的朋友，她没有。圣玛利亚女校曾一度想要制作校服，张爱玲心里暗暗地支持，她太渴望校服了，倒不是想要统一的严肃感，而是她缺少衣服。如果所有人都穿着一样的衣服，她也不会显得那么寒碜。中年以后的她去中国台湾，

听闻某学校要做校服，学生一律反对，她只凄然地笑笑。

带着这样颓丧的心情学习，她的床铺总是最乱的，她的懒散是出了名的，对什么都提不起劲儿，心灰意冷，除了文学与电影、绘画。学校语文老师布置的作业，她常常不做，老师问起来的时候，总是一句“我忘了”。她丢三落四是真的，但老师的作文题像八股文一样拘着个性，太讨厌，与其写那样的文章不如不写。要写就写自己喜欢的，写自己熟悉的。她一辈子都在朝着这个目标努力。

有一次她没有按照老师的要求去写作，自己拟了个别致的题目《看云》，这样的别出心裁获得了老师的称赞。学校的校刊《凤藻》和《国光》，她倒是投过几次稿。在中学期间她发表了《不幸的她》《霸王别姬》《牛》《论卡通画之前途》……内容从小说到散文，题材从都市、历史到乡村，应有尽有，足见对于一个十几岁的少女来说，她涉猎的题材之多，眼界之广。

姐姐的生活固然愁云惨淡，但好在只有周末回家才能与孙用蕃见上面，因而好对付得多，何况张爱玲那样有主见，孙用蕃根本影响不到她。

弟弟张子静就没那么幸运了。他是她的傀儡，逃不掉。张爱玲一早就将姑姑和母亲的家视为自己的依靠，她是站在那一面的，因为母亲没有放弃她。但弟弟不是如此，他的命运跟张志沂和孙用蕃捆绑在了一起。他是独子，是男人，继承了中国传统留给男人的权利——继承家族财产，但也继承了传统遗留给他的责任——给父母养老。

他清楚地知道自己的身份，他逃不掉，如果可以，他也希望自己能够逃走。每当想起这种无法抉择的命运，便让人感觉到传统像一张巨大的网，网住了千千万万的中国人。被网住的中国人，一个个像被打捞上岸的鱼，大张着嘴巴想要呼吸，然而，再多的挣扎都是徒劳，只会死得更快。

她住读回家少，每次回去的时候——“大家纷纷告诉我他的劣迹，逃学，忤逆，没志气。”她比谁都气愤，附和着众人，如此激烈地诋毁他，他们反而倒过来劝她了。

恨铁不成钢，这种痛心唯有手足间才可感知，一如当年的张茂渊看着张志沂每日被鸦片烟熏得意志消沉。她恨弟弟中了人家的计——张爱玲始终认为是孙用蕃挑唆张志沂的缘故，因为在她到来张家之前鲜少听说他打张子静，自从有了后母，他们父子关系也跟着紧张起来。

她在好几部作品里都提及下人看不过眼这样说道：“哪有这样打人的？他是独子喔……”可是敢这样仗义执言的下人被张志沂派到乡下看地去了，没过多久死在了乡下。

“后来，在饭桌上，为了一点小事，我父亲打了他一个嘴巴子。我大大地一震，把饭碗挡住了脸，眼泪往下直淌……”这样的悲怆，旁边的孙用蕃偏偏还笑着说：“咦，你哭什么？又不是说你！你瞧，他没哭，你倒哭了！”

这样讥讽，但凡有点儿心智的一定恨死了她。

“我丢下了碗冲到隔壁的浴室里去，闩上了门，无声地抽噎着，我立在镜子前面，看我自己的抽动的脸，看着眼泪滔滔流下来，像电影里的特写。我咬着牙说——我要报仇。有一天我要报仇！”

然而就在张爱玲的自尊感觉受到巨大伤害的同时，她的弟弟却像个没事人一样在阳台上踢球——他已经忘了那回事。这一类的事，他是惯了的。她没有再哭，只感到一阵寒冷的悲哀。

姐姐替弟弟感到悲哀。

总有撒手的一日

人活在这世上，无时无刻不想着钱的好处与爱的妙处，然而当金钱与爱不分你我地混合在一起以后，我们往往得到的不是双倍的好处，而是被它们“合力绞杀”的痛楚与无可奈何。

澌澌流走的青春

青春——嬉笑、躁闹、认真、苦恼的；在着的时候不觉得；觉得的时候，只觉得它澌澌流走。

——张爱玲

我们活在这样一个多情而恼人的世界。多情是围着阔与美的优裕的赞美，恼人是紧跟贫与贱的膏药——一剂又一剂，全然无效。

张爱玲说青春——嬉笑、躁闹、认真、苦恼的；在着的时候不觉得；觉得的时候，只觉得它澌澌流走。再贫穷不堪的青春，一旦回忆起来大脑总是自动屏蔽那些不愉快的尴尬，留下的便是雾蒙蒙的清晨，氤氲的黄昏景色，看什么都带着罗曼蒂克的爱。

一个女人的青春期，再快乐，里面总是要掺杂着敏感的忧伤，为赋新词强说愁是绝大多数人的情绪。但张爱玲没有这种所谓优裕的忧伤，她那个敏感期早已逝去，就是母亲刚回国为她选择音乐老师的那段时光。那是因为空气里有母亲纤巧灵敏的味道，被保护着的安稳的日子，总会生出这样无谓的小哀伤。

此时的她依然敏感，事实上她终生都敏感异常。敏感是艺术家触摸世界的手与脚。日子尽管如她所说，那样的懒散和暗淡，然而她还是有两个可以说上知心话的朋友。一个是那个镇江姑娘，另一个则是她的舅舅黄定柱的女儿。

“姐姐与舅舅家的表姐感情很好。放假回家就往她家跑，也常约她们一起去看电影、逛街。那时她也常去姑姑家。从姑姑那里可以知道母亲在国外的情形。母亲写信给她，也都是寄到姑姑家转的。”

并不是所有的表姐跟她感情都好，她喜欢的是一个年纪与自己相仿的，在众姐妹中一直被欺负的老实本分的姐姐。后来这个善良而安静的表姐被她写进了小说《花凋》里，二十岁的年纪终于不用再穿姐姐们穿剩下的衣服，家里才开始发现她的美好来。只可惜，还没来得及享受爱情的甜蜜，二十一岁的时候她便得肺痨死了。

这位表姐死后，张爱玲很少再去舅舅家。因为她将这件事写成了小说，舅舅一家读了以后十分愤慨，认为她简直是个白眼狼。等她母亲归国时，满心期待黄逸梵能教训几句，好替他们出口气。哪知，一向姐弟情深的黄逸梵没有说什么，他们姐弟的感情随即淡了下去。

这位可怜的表姐还在世的时候，她们常常一起去电影院看电影——小说里写她临死之前，撑着虚弱的身子跑到了电影院一个人坐了一下午，不免让人心酸。

表姐倒是想结婚的，在生病之前婚事差点儿就定了，一位留学归来的学生。她是带着对婚姻的憧憬与破灭走向永恒的死寂的。另一个好朋友，那个时常与她讨论张资平和张恨水到底哪个更好的女子，后来嫁人了。

到底分道扬镳，成为隔江相望的两个人。

圣玛利亚女校的几年中学生涯，呼啦一下子就没了。毕业纪念册上，有人问她最恨什么，她随手一填，惊为天人。人生最恨——一个天才的女人忽然结了婚。

倒是有点儿像贾宝玉的声口。没结婚的女儿是水，结了婚的简直一个个成了没颜落色的珠子。如果说贾宝玉的观点只是一个爱美的男人的心里话，那么张爱玲的这一句则是一个早熟的女性的悲凉的话。

中国的女人一旦结了婚便没了自我——倘若是甘心如此便也罢了，若是道德压迫着必须如此，该有多么悲哀？女人，合该为了丈夫和孩子牺牲

所有，否则便不算得好女人。中国人能给你戴上一百顶大帽子，压不死人也能闷死人。

而对于那个从前与自己谈天说地的女生，张爱玲感到一种凄凉的惋惜。原本，她该有更大的作为吧？却早早地投身到没有硝烟的战场，像一个很好的前奏，高潮还没有来，命运的剪刀毫不留情地下手，一切戛然而止。

这些都使得她加深对于女性自身，以及两性关系与婚姻问题的思考。后来的她终生流连于男女之间那点儿事，除了因为她的女性身份之外，恐怕独特的遭遇是其中最为重要的原因。

她生在一个随处可以见到争斗和争吵的家庭，就连她的亲友们也同样如此，就像《花凋》与《金锁记》（小说女主人公原型为李鸿章孙媳妇）里所表达的一样。钱，往往会一点一滴地毁了亲人之间的信任与爱。

十七岁，她从圣玛利亚中学毕业。前途一片暗淡，海面上没有灯塔，四顾茫然。此时的她早已经放弃学了多年的钢琴，明面上的意思是她自己不愿意去学了，内里的故事，她一而再再而三地写明了，还是一个“钱”字作怪。

“我不能够忘记小时候怎样向父亲要钱去付钢琴教师的薪水。我立在烟铺跟前，许久，许久，得不到回答……”她也不止一次说过她深知父亲的恐惧。“到底还是无所事事最上算。样样都费钱，纳堂子里的姑娘做妾，与朋友来往，偶尔小赌，毒品的刺激。他这一生做的事，好也罢坏也罢，都只让他更拮据。”

有出无进的日子自然如此。娶了个填房更是如此，孙用蕃处处节俭——除了给自己添置衣物与买鸦片这方面绝不吝啬，别的方面实在舍不得出手。

又一次张爱玲期期艾艾地站在父亲的烟铺前，嗫嚅着表达了要钱交钢琴费用。父亲的烟铺上不再是他一个人，旁边的孙用蕃旁敲侧击冷嘲热讽，各种暧昧不明的说法，诸如：“女孩子要学那么多做什么？到底还是要嫁人的；我们中国人啊，就是这点让人觉得没骨气，什么都是外国的好，连教个钢琴的都是外国好，崇洋媚外，难道我们中国那么大的地方就找不出一两个教钢琴的吗？”

林林总总，无非逼迫张爱玲的父亲不给钱，但是又不肯明说。张爱玲恨透了她的各种听起来大义凛然的大道理，她一生最恨各种大帽子，偏偏后母便是这样一个人。

张志沂听着不吭声。张爱玲虽然个性内敛，但多少继承了母亲黄逸梵的爽利。她直言道：“是不是因为钱？”——不是钱还能是什么呢？为了她的教育花费太多，后母心里有了怨言。

孙用蕃却说：“不是钱不钱的问题。”然后又是一堆巴拉巴拉的大道理，她厌憎孙用蕃的虚伪，满口仁义道德，临了还是一个“钱”字。

就这样，张爱玲不再去那个白俄罗斯老师的家里学钢琴，而是去了另一个中国老小姐那里练习。老小姐对待小姑娘十分严苛，教法完全不同，动不动就打她的手背，她终于妥协了，对着这优雅的钢琴，放弃了母亲希望的欧洲淑女风范，也为了不再站在烟铺前难堪地开口。

她也知道她这样做真的中了孙用蕃的计，可是除此之外，她还能怎么办呢？她还太弱小，只有十几岁，还活在她和父亲的统治下。

她跟姑姑说自己不学钢琴了，姑姑并没有太多意外，只是提醒她说：“那么你想学什么呢？”张爱玲满心歉然，好不容易才出口说道：“我可以画卡通画啊。”没错，她绘画确实很有天赋，第一份稿酬也是画画得来的——是将被囚禁的日子画成漫画，投给当年上海的《大美晚报》——为什么投给这家报纸？她在后来的自传性小说里早写明了，因为她知道她的父亲订阅了这份报纸。

后来的张志沂果然看见了漫画，内心更加悔也更加愤恨，家丑不可外扬，这是中国人一贯的信条。

《大美晚报》给她寄过来五块钱稿酬——五块钱是他们家用人一个月的薪资，她拿着钱欢天喜地地买了一支丹琪唇膏。花自己赚来的钱，就是这样心安理得。

不过这是不久的将来才会发生的事情，眼下她这样跟姑姑说，心里其实没有任何把握，只不过像个急着要证明自己的孩子——我不是那么没用的。害怕大人低看了她，恐惧被家人所抛弃。

姑姑望着她夸口的样子也是半信半疑，只说了一句，如果选定了就要坚持，不可随意更改，否则，年纪大了——女人年纪大了，什么都没了。希望没了，人生也没了。那时候的女人，似乎只有嫁人这样一条路可选择。职业女性太少，还是个新鲜名词。但姑姑就是个自食其力的“轻性智识分子”，这给了张爱玲不少信心，也给了她方向感。

“乱世的人，得过且过，没有真正的家。然而我对于我姑姑的家却有一种天长地久的感觉。我姑姑与我母亲同住多年，虽搬过几次家，而且这些时我母亲不在上海，单剩下我姑姑，她的家对于我一直是一个精致完整的体系……”

中学毕业这一年，姑姑告诉她母亲要回来了。母亲总是这样，在她人生的十字路口，像一盏探照灯，指引她前行。张爱玲后来与母亲虽多有不愉快的事情，但黄逸梵对她的人生确实是第一位影响者。她知道女儿的人生要发生重大的转折，于是便千山万水地跋涉而来。

可怜天下父母心。张爱玲曾不止一次这样说过“父母大都不懂得子女，而子女往往看穿了父母的为人”。

其实，未必如此。张爱玲终其一生没有做过母亲，像她后来在《小团圆》里说的那样“害怕生了孩子会对她不好，替她的母亲报仇”，到底还是知道自己对母亲也是有所亏欠的。

也许可以这样讲，她们虽各有亏欠，也曾努力地爱过对方，但她们都更爱自己，爱人生。年代的鸿沟将温情脉脉的亲情掩埋了。

该来的总会来

我姑姑说话有一种清平的机智见识，我告诉她有点像周作人他们的。她照例说她不懂得这些，也不感兴趣——因为她不喜欢文人，所以处处需要撇清。

——张爱玲

有人说张爱玲一生最大的成就在小说上，这一点无可否认，她自己就不住地声称她是个写小说的。其实，她一生中最精彩的小说则是她自己。

在她漫长的生命里，脉络一直十分明晰，因为她不善交际，统共就那么几个人。她的亲人中，跟她关系最为亲密的也许不是张志沂、黄逸梵、张子静，而是她的姑姑张茂渊。

姑姑从一个贵族小姐，过着饭来张口衣来伸手的日子，转变成一个自食其力的职业女性，这在当时可谓了不起的进步。难怪日后张爱玲自己当了作家，能够养活自己的时候那种开心与满足，绝非其他事情可替代。

“钱太多了，就用不着考虑了；完全没有钱，也用不着考虑了。我这种拘拘束束的苦乐是属于小资产阶级的，每一次看到小市民的字样我就局促地想到自己，仿佛胸前佩着这样的红绸字条。”而对于姑姑张茂渊，她曾这样描述道：“我姑姑说话有一种清平的机智见识，我告诉她有点像周作人他们的。她照例说她不懂得这些，也不感兴趣——因为她不喜欢文人，所以处处需要撇清。”

她对姑姑一直有种崇拜和尊重在里头。

姑姑与母亲永远是一边的，是她向往的榜样，而父亲则是与弟弟以及一连串大爷、二大爷们一边的，他们是西方与中方的对立，是新与旧的两股势力，就像张爱玲自己所说的那样，她强行将世界分成了黑与白两种。她行文不是这样斩钉截铁的审美观，但做人一直这样干脆利落，从不拖泥带水，也许从这两个世界的强行分别里也能看出个一二来。

可是，女人在一起久了难免生出点儿嫌隙来。在黄逸梵回来之前，张茂渊忙着打官司，一个接一个地打。全要用钱，两场官司掏空了她。

先是帮着她的表侄子打官司，这位表侄子的父亲是李鸿章的嫡长孙，清朝亡了以后做过高官，宦海里沉浮的人分分钟无法保平安，荣华也是眼前的烟雾，眨眼之间就能来个烟消云散。

这位嫡长孙名叫李国杰，有人告了他，说是受贿与挪用公款，钱款有巨大亏空。他被人送进了大狱，急等着捞人。他的儿子是个没主意的男人，巴巴地跑来与张爱玲的姑姑商量。多少次，三个人端坐着一起谈话——他们说，她负责听。她喜欢听姑姑与这个哥哥说话。

要捞人就要用银钱，从哪儿来那么多的钱？姑姑那时候是爱着这个表侄子的——女人一旦爱上了某个人，无论平时如何精刮和理性，还是会一头栽进爱的眩晕里，分不清真与假，只想扮演着救人的圣母，赶紧解救他们父子于水火之中。

姑姑当时已经在洋行里做事，拿着还不错的薪资，然而靠着那点儿钱养活自己还可以，要拿去救人，真是杯水车薪。柳暗花明又一村，她豁然想起一个来钱的地方。父母去世以后，当初的她还幼小，很多事轮不到她来选择，她只是跟着哥哥嫂子走罢了。当时的黄逸梵与张志沂为了能够早点儿摆脱同父异母的大哥张志潜的辖制，草草地分了家。家中尚且留有部分动产没有分割，这其中既有些古董也有些珍贵的宋版书，都是从前张佩纶的遗物。

那些宋版书被张志潜占据着，姑姑张茂渊便动了这个念头——无论怎样，起码应该平均分割吧？

曾有人称这批宋版书原是张志潜母亲朱氏娘家的书籍——但张佩纶乃是用李菊藕陪嫁之钱物购买，因而无论从法理上还是人情上，张茂渊与哥哥张志沂都有分割的依据。

官司闹哄哄地起来了，一日张爱玲听姑姑说“我们跟大爷在打官司”时还蒙蒙的不知所以，只问一句：“能赢吗？”姑姑信心十足，因为证据向着他们那一边。

日子一如既往地向前，她只觉得官司若赢了，起码姑姑与父亲可以得到一笔钱。她爱钱，声称一辈子从未受过钱的苦，只感到钱的各种好处。

未料到后来姑姑只淡淡地说了句，我们输了。她惊诧地问：“怎么会？”“我们送钱，他们也送。他们送得比我们多。”张茂渊就是这样一个人，凡事总也是淡淡的，年纪轻轻像看透了人世间的所有悲欢离合。她对此没有太多的说辞，张茂渊与黄逸梵不同的地方也许恰恰在于此——黄逸梵的所谓缺点中，喜欢抱怨应该是让她女儿感到厌烦的地方，姑姑好就好在几乎不抱怨，偶尔说两句也只是一句带过，干脆利落，这一点倒是跟张爱玲很相似。

她们不是黄逸梵那样中意长篇大论给人上课的女人。姑姑的这一点儿小优点也许是张爱玲愿意亲近她的原因之一。

后来张爱玲还是从老妈子那边才知道姑姑官司打输了的原因——父亲张志沂临阵倒戈，背叛了姑姑投向了大伯张志潜那一边。姑姑为此与父亲闹翻了，再不往来。即便如此，张茂渊也从不在晚辈们面前数落张志沂的不是。倒是他们张家的下人们看不惯了，背地里嘀嘀咕咕说张志沂是个没土见的，耳根子软，经不住孙用蕃的枕头风，三言两语就轻松地瓦解了亲兄妹的阵营。

晚年的张爱玲在《对照记》中这样写道：“当时我姑姑没告诉我败诉

姑姑张茂渊的住所

的另一原因是我父亲倒戈。她始终不愿多说，但是显然我后母趋炎附势从中拉拢，舍不得断了阔大伯这门至亲——她一直在劝和，抬出大道理来说：'我们家弟兄姊妹这么多，还都这么和气亲热，你们才几个人？'——而且不但有好处可得，她本来也就忌恨我姑姑与前妻交情深厚，出于女性的本能也会视之为敌人。

"不过我父亲大概也怨恨他妹妹过去一直帮着嫂嫂，姑嫂形影不离隔离他们夫妇……"

正是这一点一滴的琐屑，积攒着张爱玲对于这个家的反感和厌恶，尤其对于孙用蕃，她跟她之间的战争一触即发，只待一个导火索好让两个人能闹得光明正大师出有名。

因为与张志潜的官司打输了，张茂渊在亲戚之间污了名声，人人都以为男大当婚女大当嫁，像张茂渊这样老大不小还"赖着"不嫁的女人，自然是她自己有毛病。鲁迅先生曾经说他向来不惮以最坏的想法去想中国人，虽然难免显得过于激愤，但究竟还是有几分真实的。

亲友间能够为了这样一点儿鸡毛蒜皮就断定一个女人的品性，实在已经不能用一个“坏”字来形容。彼时的张茂渊已经是个三十几岁的“剩女”，搁在今天压力尚且如山大，更何况那是个刚刚吹进欧风美雨没多久的激变中的旧中国。

在《雷峰塔》里，张爱玲写了一件让人哭笑不得的事情，姑姑曾经向她说大伯在她面前哭——哭着说自己将来若见到老爷太太，实在无法见他们。原因无非是他没能把她嫁出去。

张茂渊除了“嫁不出去”这一条罪状，还有与兄长打官司以及与表侄子不伦恋等罪孽，她是跟李家、张家人都断了关系。

为了挽救身陷囹圄的李国杰，她甚至动了黄逸梵托管给她的财物。黄逸梵出国前除了托付她照管张爱玲的生活学习外，还将古董等身家一并交给了她！

爱情中的女人是最富牺牲精神的——总有人说恋爱中的女人智商为零，其实那不过是爱令智昏罢了。她们不是不清楚自己的选择，有时甚至看到了男人的软弱与种种令人无法忍受的弱点，但还是一如既往地付出，

为的不过是对得起自己的青春，不辜负自己的感情。

换个男人，她们依然如此。只是，那些男人碰对了时间而已，用不着如此扬扬得意。

可是，张茂渊动了黄逸梵的财物，注定两人之间有了缝隙。世上没有毫无缝隙的关系，瑕不掩瑜，但只要还能彼此体谅彼此相容，便算不得太大的问题。

姑姑告诉她说黄逸梵要回来了，为着她的未来，她的母亲需要回来。成长的过程里，黄逸梵一再缺席，可每次登场必定是她最为重要的戏份。黄逸梵好似一个影响深远的人物，一直在主角的背景里淡出，可我们依然能够透过那些繁花似锦的喧哗看得见她的影影绰绰。

她是朵云轩信纸上胭脂色的背影。

扑朔迷离的前程

中学毕业那年，母亲回国来，虽然我并没觉得我的态度有显著的改变，父亲却觉得了。对于他，这是不能忍受的，多少年来跟着他，被养活，被教育，心却在那一边。

——张爱玲

童年的时光无聊而漫长，度日如年般，天天盼望着能穿上妈妈的高跟鞋，吃任何想吃的东西，看任何想看的书，没有禁忌——在孩童的世界里，成年后的生活应当就是这样的吧！

越是盼望着长大，越是长不大。悠长得像永生的童年，老棉鞋里粉红绒里子上晒着的阳光。众生的悲哀与无奈也正在此，以为日子还将一如既往地永生下去，哪知一个春秋后猛然间就发现，无论快乐不快乐的童年一去不返了。

她像雨后的春笋般一下子高出了一大截，细细瘦瘦的她站在圆润的姑姑旁，简直像一出戏剧般令人捧腹之余不禁生出惘惘的哀伤来。这张照片被张茂渊寄给了黄逸梵，因为觉得那时候的小煐就是那个样，身体只一味地往上蹿，像一株笔直而纤细的幼苗，没有所谓女人的风韵——少女是不需要女人味的，青春逼人就是她最好的资本。

这张照片在几十年后辗转又落到张爱玲的手上，因为那时的黄逸梵已经故去。世间事，常常这样，终点又回到起点。

黄逸梵归来了，那一年正是张爱玲中学毕业。此时的黄逸梵愈加美丽，

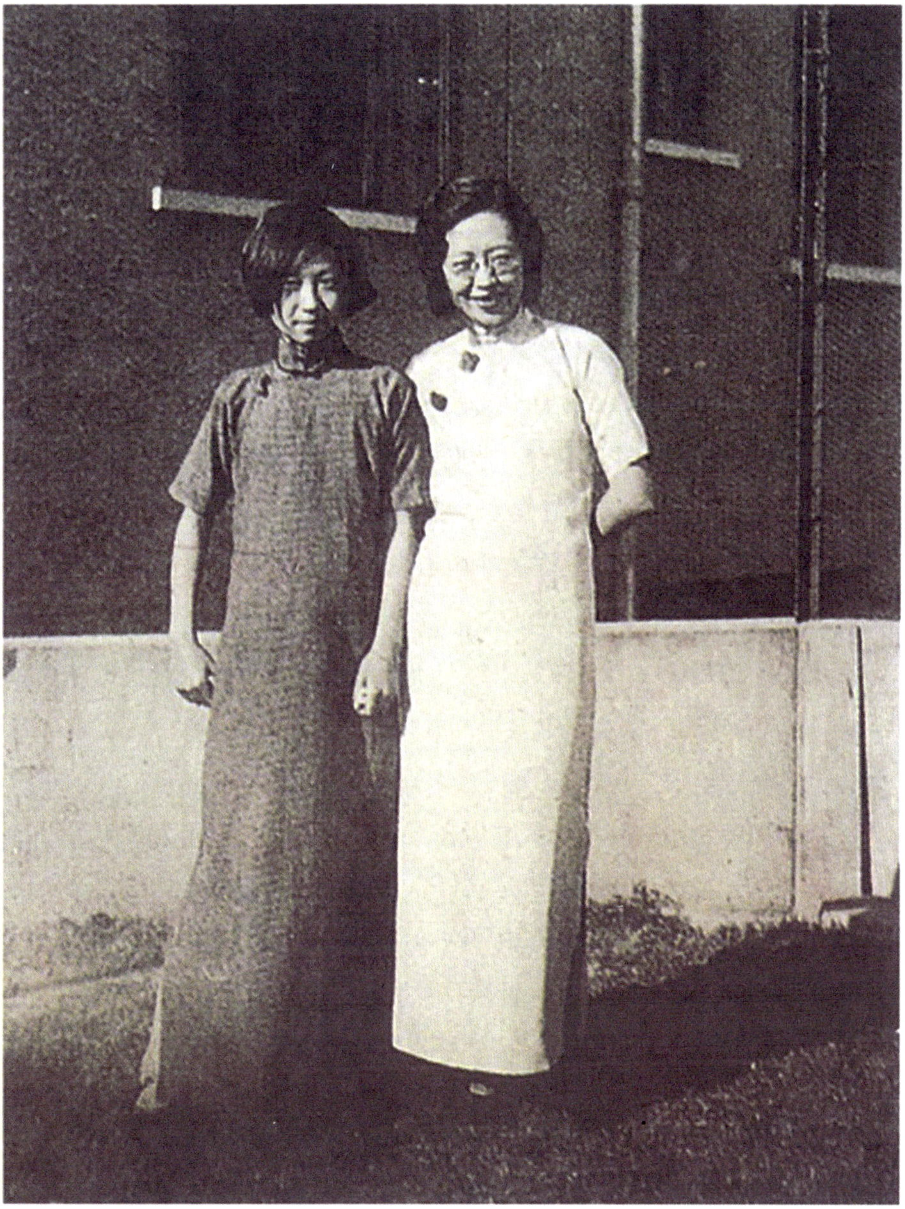

少女时期的张爱玲和姑姑张茂渊

像一个标准的西洋贵妇，她整日里只穿着漂亮的洋装，几乎不穿旗袍——这与她的女儿终生挚爱旗袍，实在迥然不同。

张爱玲跨了一代，替她捡起古老中国的风韵，她的人、气质完全是中国式的，只有头脑中的思想是新多过旧。

母亲的归来，她立时便感知到了。黄逸梵要她学着待人接物，什么时候笑、什么时候沉默，如果没有幽默细胞最好不要轻易讲笑话，诸如此类，打算将女儿按照自己的心愿打造成一个西方淑女。

然而，这位母亲注定要伤心，因为像张爱玲这样的天才，在生活上的“白痴”程度是相当惊人的。她能够住在一个房间里长达两年之久而不清楚电铃的位置在哪儿，也能够走同样一段路三个月后却不清楚那段路究竟如何，转个身也许会将桌上的花瓶打碎，哈哈笑起来牙齿外露毫无淑女韵致。

她根本不愿意做什么西方淑女，只想做自己，就像那些在母亲看来十分沮丧的事情，在她，也许关注内心精神世界比物质世界来得更为紧迫罢了。

后来的她总是说一个写作的人绝对不能够是个淑女或绅士，也许是对母亲的一点儿回应。

一次，母亲与姑姑的家里要宴请客人，椅子不够用，她为了不显得自己无用——孩子在父母跟前，永远这样急着证明自己，像张爱玲自己所讲的那样，困于过度的自卑和自夸中，跑到走廊的尽头打算搬走一个沙发椅。沙发椅相当笨重，根本进不来，母亲看着她笨拙的模样只生气，每每如此，她便感到自己的毫无用处。那么“处心积虑”地想要在这个美丽的女人面前表现自己，往往最后适得其反，如果她有别的选择，一定希望能够落荒而逃。

她与母亲之间的矛盾，现在只影影绰绰地，隔了一层朦胧的细纱，乃至将来投奔她来了，张爱玲才切身感觉到深如鸿沟。

此刻，她最头痛的不是与母亲的一点儿琐屑的事情，而是未来的路究竟该如何走。一次，张爱玲拿出中学的照片端详，怎么看怎么觉得自己没有女人的风情雅致，一旁的继母孙用蕃说可能是发型的缘故，问她要不要去烫发——在当时的贵族小姐中，烫发相当于准备相亲嫁人的意思。她将这番话转达给母亲与姑姑的时候，张茂渊来气了，说哪有这样小的年纪就想让人出嫁的？——还不是害怕张爱玲一路读书用光了张志沂的财产！

无论多少人替孙用蕃惋惜过、辩解过，在关于财产问题上，她的精明与势利应该是十分确定的事情。但我们若站在孙用蕃的立场上想一想，便觉得释然——年纪一把嫁给张志沂，自己无所出，日后靠的只能是张志沂的财产，还有张子静的养老送终，因而她目标明确，笼络并控制张子静而疏远张爱玲——何况张爱玲是与张茂渊、黄逸梵一边的，女儿都是泼出去的水，读再多书最后还是逃不过嫁人这条路。

既然如此，何必再继续读书呢？她当然想早点儿嫁掉张爱玲，了却她的一桩心事。

黄逸梵问张爱玲：“你想继续读书还是用读书的钱打扮自己？”自小

便是书虫的张爱玲自然选择第一个，再者她亲见过同学张如瑾怎样在嫁人之后萎谢了才华。她害怕婚姻，她父母的婚姻让她想了太多关于女人的出路——读书虽然不一定有自由，但不读书注定要被“三从四德”的礼教捆住一辈子。

她决定报考英国名校伦敦大学，可出洋的学费从哪里来，看来只能去找父亲了。在《私语》里，她这样写道：“中学毕业那年，母亲回国来，虽然我并没觉得我的态度有显著的改变，父亲却觉得了。对于他，这是不能忍受的，多少年来跟着他，被养活，被教育，心却在那一边。我把事情弄得更糟，用演说的方式向他提出留学的要求，而且期期艾艾，是非常坏的演说。他发脾气，说我受了人家的挑唆……”

张爱玲当时只是个十七八岁的少女，一心向往母亲与姑姑的欧洲，仿佛能出去留洋便能改变自己的命运一样，她多么盼望着能够走出一条与当时社会绝大多数女人不同的道路啊。那种一眼望到头的未来不是她所期待的，因为毫无惊喜。

因为想去英国留学，于是便有了上面那段故事，她用演说的方式跟张志沂提出要求，那种感觉是居高临下的，对于母亲那一面世界的向往与对于父亲这一面旧世界的厌恶，都在这演说的态度里显露出来——那一定是自信而张扬的，同时又因为要向父亲代表的“旧势力”低头——伸手要钱，于是便在倨傲的态度里掺杂了更为明显的看不起。这自然让张志沂大为光火，不仅是他，就连一旁的孙用蕃也听不下去了，发狠话骂道：“你母亲离了婚还要干涉你们家的事。既然放不下这里，为什么不回来？可惜迟了一步，回来只好做姨太太！”

这等牙尖嘴利只怕日后为文一向刻薄的张爱玲也要折服，张家的女人都太厉害了，强势而精明，男人一味文雅退让，好似有传统似的。

这样的话传到了黄逸梵耳朵里，黄逸梵那一声轻哼里有着咬牙切齿的

痛恨，同时又有一种“失败”的得意——毕竟是她主动离开了张志沂，孙用蕃是后来捡剩下的女人——女人，有时就是这样的天真幼稚，习惯自我安慰，用情爱上的一点儿小胜利慰藉孤独的灵魂。

离婚后的黄逸梵不知是否后悔过，她后来虽然不断换男友，但终其一生从未听闻过获得情感的稳定，她也曾幻想过，爱憎过，但一个女人年岁大了，跟随青春一道走远的还有爱情。她不止一次在张爱玲面前说过这样的话，也跟张茂渊提过这样的话题，女人的爱情多数是伴着青春与美貌而来的。

她和张志沂都有惶恐感，于她来讲是时间无情地消逝，于他来讲则是只出不进的危机感。

张爱玲在《对照记》里写过，她的母亲一直要她不要恨自己的父亲——只有透彻的了解与爱，才能这样吧？她愿意相信他们的婚姻虽然解体了，但情爱尚有余温。正如张爱玲说的那样，黄逸梵对张志沂还有魔力，当她一次次站在他的烟铺前，告诉他说自己要去姑姑（母亲）那里住两日时，张志沂头也不抬，眼皮微微耷拉着，只柔声地回应一个“嗯”。

在午后细细的阳光里，他在独属于他一个人的时光里，静卧着回忆从前。被阳光照耀下的细小的尘埃也成了时间的载体，那样充满郁郁苍苍的身世之感，那一刻他的心是温柔的，因为他想起了黄逸梵。

可眼下这个女人让他犯了难，为什么自己倾心教育的女儿被她三言两语就轻松地拉了过去？他感到费解，费解里涌出了愤怒。愤怒于自己总是失败——当年挽留他们的婚姻失败，如今看女儿的样子似乎又要步入她和妹妹的后尘，他注定要失败吗？

孙用蕃的话无异于火上浇油，他的左右为难全在愤怒的表达上。张爱玲则觉得自己演砸了，跟他们的关系又远了一步。但她铁了心地要去英国，不管他们愿意不愿意。

认定的事情从不轻易放弃，也绝不轻易言悔，这是张爱玲从母亲那里继承过来的性格。

月色也癫狂

我暂时被监禁在空房里，我生在里面的这座房屋忽然变成生疏的了，像月光底下的，黑影中现出青白的粉墙，片面的，癫狂的。

——张爱玲

命运或者说命数往往情牵一线，像游丝一般，看着脆弱，若有若无，必定要等到我们转过身来，摸爬滚打里受了点儿伤，才会悟出点儿道理来，那时便将一些看似偶然实则必然的事情当作命运。

好似张爱玲，父亲给了她那么多年中国传统教育，怎会想到日日伴在一处的父爱还不及偶尔出现的母爱呢？一颗嫉妒的种子埋在了张志沂的心中，等待合适的土壤就要破土而出。

既然父亲不同意她出国留学，那么她的梦只能暗地里悄悄地做了。黄逸梵为了让她能顺利通过伦敦大学的考试，特意给她请了英文老师和数学老师。当时的剑桥、牛津、伦敦三所英国名校在上海租界里均有本校老师负责招生

事宜，同时也给贵族子女有钱大亨人家的儿女补补课，收取高昂的费用。

张爱玲多年后还清楚地记得给她补习英文的老师每小时五元钱，这相当于他们家用人一个月的工资！她常常为了节省点儿坐车的费用，走很久的路到补习老师的地方。

这一切自然都是瞒着张志沂悄悄进行的。补课还好，可是考试怎么办呢？考试可是接连考两天的。他们的老房子临近苏州河，沪战爆发后，轰隆隆的炮声砸向每个人的耳朵，无法入睡。母亲提议她过来住两个礼拜，张爱玲自然是愿意的，比起张志沂与孙用蕃的死寂沉沉的鸦片烟雾，母亲唠叨的“营养教育学”课程与“西方淑女培训课”倒也容易接受得多。

她专门挑了个父亲独自一人的时候跟他说了这件事——姑姑要我到她那儿住段时间，张爱玲如是说。父亲柔声地“嗯”了声，在他的心里张茂渊叫女儿过去，其实就是黄逸梵的主意，黄逸梵隔了那么久远的时光已经从胸口的米饭粒变成他的床前明月光。男女之事最为奇怪的地方就在这里，在一起的时候可能相互厌憎，待到分开后却又急切地想念——大脑屏蔽了嫌恶与伤害，自动储存感动和温存。

为了这唯一的出路，张爱玲十分用心，也交出了令人满意的答卷。伦敦大学的大门向她敞开了，她是整个远东片区第一名！也许，黄逸梵会感到点儿慰藉，在培养西式淑女的课程上，她失败了，而且败得很彻底，但张爱玲在学业上的进步则多少弥补了点儿缺憾。

考完试后，她回到了那个到处摊着小报，整个屋子弥漫着鸦片烟雾的老房子。家里正准备用餐，饭菜刚上桌。迎面就是孙用蕃，她问她怎么走了也不跟她说一声。张爱玲回了句：“跟父亲说了。”“哦，跟你父亲说了！你的眼里哪里还有我呢？！”“啪”的一个嘴巴子打了过来，猝不及防，张爱玲被掌嘴了。她本能地想要还手，多年来维护着的表面一团和气终于打破了，两个人积攒着的愤怒与厌恶终于找到了合适的理由释放。

张爱玲的双手被老妈子拦了下来，孙用蕃却一路锐声叫着：“她打我！

她打我！”上楼了，张志沂趿着拖鞋，“吧嗒吧嗒”地冲下楼，抓住瘦弱的张爱玲一顿拳脚相加，怒吼道：“你还打人！你打人我就打你！今天非打死你不可！”

父亲将对黄逸梵的爱与不甘全部加诸他们共同的女儿身上，何况他的身边一直还有个煽风点火的孙用蕃，他们是嫉妒和厌憎黄逸梵、张茂渊的人，这件事只不过是多年置下的怨气总爆发罢了。

张爱玲的头被他打得偏到一边又偏到另一边，无数次，耳朵也震聋了一般。她在那样激烈的伤害中还想起了母亲黄逸梵的忠告：“万一他打你，不要还手，不然，说出去总是你的错。”知夫莫若妻，那么多年的共同生活黄逸梵对张志沂是了解的，与此同时，她虽然一身洋装，屡次出洋，骨子里还是不得不接受旧中国的一些传统。晚辈对长辈只能如此，否则说出去一个“不孝”便要了人的命了。

因而，张爱玲像一只死狗般被张志沂又踢又打，直到老妈子们过来拉开，他才住手。打红了眼，那么多年的不满才得以发泄。

他这一打，将张爱玲对父亲的最后一点儿感情打没了，从此后，只剩下漠然和憎恨。她在浴室里看着自己身上左一块右一块的伤痕，这些看得

见的伤痕还可痊愈，心里那看不见的裂痕却再无愈合的可能了。

她当下就走到大门口，指望出去报警，哪知他们家看门的巡警告诉她门被锁上了，钥匙在张志沂的手里。梦境被彻底碾碎了，曾经梦想着踏着母亲的步伐去英国留学，看看外面的世界，只这一打将她打回了原型，原来她不是小时候跟弟弟玩耍时候手里使着宝剑的侠女，而是一个行动自由都没有的弱者。她的一切未来都不是由自己裁判，眼下父亲就能裁断她的命运与生活。

她又一次看见了自己的渺小。

“我暂时被监禁在空房里，我生在里面的这座房屋忽然变成生疏的了，像月光底下的，黑影中现出青白的粉墙，片面的，癫狂的。”一直照顾她的老妈子何干对她态度也是冷冷的——中国人相信“父要子亡子不得不亡”，她那样对待她的父母便是大逆不道。

唯一可以给她安慰的何干竟然也这样，她只感到一股冷冷的悲哀，

尽管她知道何干也是为了她好——不得罪张志沂便是安好与孝敬，否则连带着她都要跟着受罪。老妈子是爱她的，但终究还是爱自己的。人性在这里显得无比的强大，没有纯良也没有纯恶，正如张爱玲日后在《自己的文章》中所说的一样，她向来不喜欢斩钉截铁的人物，认为那样的人不过是个例外，实在太假，而生活的传奇往往是具有参差对照的凡夫俗子缔造的。

也许，她对于人性复杂的刻画之所以如此深刻，跟她生在这样一个大家庭里有着密不可分的关系。她从何干这里看到了人的自私，她对张爱玲的爱也是其次的，首先要确保的还是老爷张志沂的喜怒。她看透了一切，但还是从苍凉里生出了无尽的悲悯。

这个她曾经出生在这里的老房子，如今成了她的活牢房。在这所老房子里，李菊藕静静地谢世，黄逸梵喜忧参半地嫁进来，张爱玲呱呱坠地，这四壁上都是写满回忆的篇章，然而，他却亲手将女儿送进了这片不得自由的居所。

他甚至扬言要打死她，张爱玲心里渐渐地怕了起来，因为她知道父亲的确有手枪。在这暗无天日的房子里，她什么都不能做，只是干等，等一个机会，逃出。曾几何时，这个堆满了小报烟雾缭绕的家，也给过她温馨的回忆。那些与父亲坐在一起笑着谈些亲友们的八卦时光，一去不返了。

他们像墙壁上积年的影子般消逝了。

现在留下的只是恐惧、无聊、憎恨。每天她竖起耳朵听外面的动静，寻找一切可以逃脱的机会，但总是循环着等待与失望的轮回。

机会曾经有过一次，却在她的犹豫中溜走了。

那是她被打的第二天，姑姑张茂渊来了。本来张茂渊因为与大伯张志潜打官司的事情，与亲哥哥张志沂闹翻了，早已不来往，如今却为了她亲自登门说理。可是她刚进门，孙用蕃就别有心计地说了句："是来捉鸦片的吗？"只这一句就将张志沂的怒火勾了起来，因为吸食鸦片的只有他跟孙用蕃两人，无形中将张茂渊推到了对立的阵营里。

张志沂没等张茂渊开口，跳将起来，拿起烟枪打伤了她。张茂渊溃不成军，此后再也没有踏进这个家门，兄妹俩再无任何交集，即便很多年以后张子静打电话告诉她张志沂去世了，她也只静静地说了句"哦，知道了"，便挂断了电话。

初看来张志沂算得胜了，妹妹不再敢说任何反对他的话，女儿也在自己的家中被看住，可亲人之间从来没有绝对的胜负。他打了张爱玲又打了张茂渊，一并伤害了两个与他有血肉联系的女人。这一次，他输得彻底，因为再无补救的可能。

张茂渊捂着受伤的脸去医院缝了好几针，还好眼镜的镜片没有戳到她的眼里，但从此那张美丽的脸上留下一条细细长长的疤痕，时刻提醒着她这伤害的由来，叫她不去怨恨都难。

打断骨头连着筋，毕竟是血浓于水的亲兄妹，当年的李菊藕仅有的一对子女。张茂渊没有去报警，怕家丑外扬，且从来没有主动跟张爱玲提及过。她一直就是那样一个淡定而骄傲的女人，不祈求用悲情的故事获得别人的谅解与同情。

从小一直跟着她生活的张爱玲也学会了这一点，遇到天大的困难也不习惯抱怨与诉苦，从来都是淡淡的，人们以为她寡情，其实她们那样的性格，只是不喜欢到处卖弄不幸，热情留在了心底最深处。

在你的心里睡着月亮光

Beverley Nichols 有一句诗关于狂人的半明半昧："在你的心中睡着月亮光。"我读到它就想到我们家楼板上的蓝色的月光，那静静的杀机。

——张爱玲

中国台湾著名女作家三毛生前唯一一部编剧的作品《滚滚红尘》，谁都知道那是以张爱玲为原型改编的电影。影片中林青霞饰演的韶华被父亲囚禁于家中，她绝望地拍打着四壁，希望能引起人的怜悯将她放出来。那样凄厉而强烈，大约是三毛想象里的张爱玲。

事实上，张爱玲自从住进了空洞洞的老房子里，从未这样激烈地叫嚷

着要出去，她太冷静而理性，知道那样叫嚷徒劳无功，只会让人感到厌烦。进进出出的人她只能靠一双耳朵倾听，整日里负责她饮食起居的只有何干一人。

电影里韶华因悲痛欲绝而自杀未遂——大约改编的影视作品总需要这样才能符合大众的期待，实际上张爱玲非但没有自杀，求生的欲望反而十分强烈。她没日没夜地锻炼身体，据后来张子静的回忆文章称，姐姐无时无刻不在压腿锻炼，就怕自己关在屋子里久了人就废了。

她的脑子里幻想了各种各样的逃跑路线，什么《三剑客》《基督山伯爵》这些从前看过的书一股脑地涌上来了。她甚至想到了一篇小说里有个人用被单结成了绳子，从窗户里逃了出来。“我这里没有临街的窗，唯有从花园里翻墙头出去。靠墙倒有一个鹅棚可以踏脚，但是更深人静的时候，惊动两只鹅，叫将起来，如何是好？”

两只鹅是孙用蕃的主张，那时的她刚嫁过来没多久，以为靠着鹅生蛋、蛋生鹅便能致富——起码能显出她在娘家就有的卓越的名声，擅长持家。如今这两只鹅没有为张家添置什么财产，倒成为张爱玲的“拦路虎”，想来当时的她想到这点必定也是懊恼不已的。这个后母处处与她作对，即便是她被幽禁，估计也与她的建议有关。在自传体小说中，她曾明确地说了这样的话：“她自己在娘家就因为恋情被父亲孙宝琦囚禁过，她应当知道那种滋味，可偏偏还要我也来尝一尝。”

足见她们之间的裂痕与憎恨，唯有让她走过自己最不堪的路，方才解气。

在那被囚禁的半年里，没有季节的更替，没有日夜的轮回，有的只是恐惧和憎恨。这段灰暗的日子留给她永生的记忆与伤害：Beverley Nichols 有一句诗关于狂人的半明半昧：“在你的心中睡着月亮光。”我读到它就

想到我们家楼板上的蓝色的月光，那静静的杀机。

连月亮也不复从前的柔和了，不再是那些毛茸茸淡黄晕的温柔，而是暗涌着杀机的蓝色月光，像复仇的夜晚也像变态的心理折射。

“我也知道我父亲绝不能把我弄死，不过关几年，等我放出来的时候已经不是我了。数星期内我已经老了许多年。我把手紧紧捏着阳台上的木栏杆，仿佛木头上可以榨出谁来。头上是赫赫的蓝天，那时候的天是有声音的，因为满天的飞机。我希望有个炸弹掉在我们家，就同他们死在一起我也愿意。”

宁愿一起死掉，这是多么大的仇恨？怪道她一直叫嚷着“我要报仇，总有一天我要报仇”。对于经济上还要依赖父母的少女来说，唯有这样夸张的语言方能表达她的愤怒与无可奈何。

然而，最初让她说出“我要报仇”的那个人是弟弟张子静。一度她将他当个美丽可爱的小人儿，当她眼见着他被孙用蕃欺辱和控制时，她的愤怒比他本人要来得强烈得多。可是，在她跟孙用蕃闹翻这件事上，她无意中竟然看到弟弟写给天津的一个堂哥的信，信还没写完，只看到了他形容姐姐的事情是“家门之玷”已经无力继续看了。

原本毫无缝隙的血肉姐弟，如今为了一个外人的介入，他们渐行渐远，终于成为没有话题的两个人。这样的悲哀，大约晚年后的姐弟俩会有更加深刻的记忆。无怪乎姑姑张茂渊常告诉她说亲戚没有朋友可靠——后来远走美国的她与香港宋淇夫妇通信不间断长达四十多年，而跟弟弟只有寥寥几句话，实在让人不胜唏嘘。

没有任何人肯帮助她逃出这个已经让她十分厌憎的家，就连老女佣何干也总是说："千万不可以走出这扇门呀！出去了就回不来了！"

可是这样的一个家还有什么可留恋的？最亲的人那样对待她，她只好计划逃脱。正计划酝酿这件事的时候，偏偏得了严重的痢疾，高烧不断，差点儿送了她那年轻的生命。

在《私语》里她说父亲没有为她请医生，也没有药，即便后来在晚年写的自传体小说里也持有同样的说法，高烧的时候何干怕她出事，于是禀告给了张志沂夫妇，孙用蕃只叫人拿了点儿不管用的中药。

正是这些琐屑的事情毁掉了她对父亲的最后的依赖与爱。然而关于这件事，晚年的张子静说了不同的情况。他说不清楚姐姐是忘记了还是出于什么原因，没有写上父亲为她亲自注射治病的事情。

姐弟俩说法各异，在这件事上我倾向于张子静的说法。张志沂应该还没有糊涂到不给唯一的女儿治病的份儿上，而张爱玲一再强调父亲没有给她请医生送药，也许是心中的激愤难以消除，以至几十年后的她提笔写起来还是自动屏蔽了这件事——爱之深恨之切，曾经与自己那样亲密的父亲竟然为了孙用蕃打她，害她被幽闭在家里半年多！

张爱玲本来的性格也是爱憎分明绝不拖泥带水，从她给《西风》杂志投稿，写《我的天才梦》那件事就能够看出来，几十年后，她依然不忘《西风》杂志的“言而无信”。念念不忘，不是小气，而是她干脆利落不亏欠别人也不喜欢被人占便宜的个性使然。

所以，那么多年过去以后，她写起这件事来还是不忘那股当时的仇恨——尽管晚年的她对父亲的感情十分复杂，有思念与爱也有厌憎，但一码是一码，在幽闭她这件事上，她一辈子没有原谅他。

这就是张爱玲，写起文章来参差对照，做起人来干净利落。

刚被幽闭的日子，她急切过，等到后来又是伤病又是疼痛的，渐渐地学会了寻找机会，察言观色。父亲对她的看管慢慢放松了，不再像当初那样严厉。每次老女佣何干进来的时候陪她说说话，她都装作漫不经心的样子跟她套话，从何干的回答里她知道唯一的机会是吃晚饭的时候，两个门警要换岗。起先是一个吃完饭去替换另一个，如今放松了警惕，开饭的时候大家一起坐下来吃饭。

她又让何干把她的大衣带给她，何干有些狐疑地望着她，她骗她说天凉了，夜里会冷。她做好了所有的准备，唯一担忧的事情是自己的身体刚好，只怕受不住那么冷的天。已经接近年关了。

她被关了半年！半年里，欧战爆发了，她的伦敦大学也去不成了，一切都成了泡影。曾经那么用心努力地证明着自己，成人的世界只轻轻地转个身就将她的梦想碾轧个粉碎。无穷的天与地，渺小的个人。

“一等到我可以扶墙摸壁行走，我就预备逃……隆冬的晚上，伏在窗子上用望远镜看清楚了黑路上没有人，挨着墙一步一步摸到铁门边，拔出门闩，开了门，把望远镜放在牛奶箱上，闪身出去——当真立在人行道上了！”

这种不敢置信的喜悦一瞬间冲击着她瘦弱的身躯，街上没有风，只有快到年底的寂寂的冷，路面上一片寒灰！多么可亲又可爱的世界啊！不曾失去过自由的人，一定无法领略到她当时的心情。每一步踏在街面上，就像一个响亮的吻！

她疾走几步，在靠近家不远的地方跟一个黄包车讨价还价起来，实在不敢置信，她居然还没有忘记这生存的技能。转念一想，想到家里人发现后鸡飞狗跳，会不会立刻追出来抓她，兴奋与害怕一同刺激着她。

她终于逃离了这个让她眷恋过也厌恶过的家。何干因为她逃跑的缘故，受到很大的连累，被迫回乡。原本她大约计划着等小煐长大成人了，嫁出去后她好跟过去，可是已经不太可能了。

孙用蕃对何干原本就不满，这下正好给了她撵人的借口。在张爱玲走后，何干还曾拿过来她小时候的玩具，算是尽到了最后的忠义。其中有一把淡绿色鸵鸟毛扇子，因为年深日久简直不敢用，稍微一动满屋子飞毛，呛人。孙用蕃直当张爱玲死了，将她的旧衣物全部送人——在江浙一带，只有人死了才会将那个人的衣物悉数送人或烧毁。因为有这样的风俗，因而当何干去看她，把这样的情景说出来时，黄逸梵几个人十分愤怒。

这位从前跟着老太太李菊耦的女佣，曾因为害怕被东家嫌弃刻意讨好孙用蕃，结果还是被孙用蕃三言两语就打发了。临行前张爱玲去送了她，她用从张家逃出来的几块钱给她买了上海的点心——那种昂贵到何干这辈

子都舍不得吃的点心。之所以买点心而不是将五块钱直接送给何干，张爱玲在文中说了这样的理由：何干的儿子十分贪婪，给她多少钱最后还是落到了她儿子的手里，不如买点儿存不住的东西，好歹她能够吃上。

然而，真正送到她手里的时候，她又后悔了，看她衰老而无望的眼神，甚至是淡漠的，想着还不如直接给她一点儿钱呢。

两个人都没有哭。于何干来讲，心里多少是委屈的、不甘的，一辈子伺候张家老少三代人，最后还被扫地出门，怨恨一定少不了。于张爱玲来讲，她是个不习惯表露感情的人，只喃喃地说着无用的话，称她将来要去英国留学，等回来了自己赚钱了，给她钱用。

她说这样的话，自己都不敢相信，何干也只是木讷地笑着——即使有那一日也等不到了。

何干走了，她才站在一个角落里哭了起来，泪水汩汩地流了下来，毕竟她是真心爱过她的一位老人哦，从她的安徽话里她像是听到了祖母的声音，从她偶尔的叙述里，她感知到她的家族老故事。

这个最后的老人也离她而去，从此后她将伴着母亲与姑姑相依为命了。

鞋里的沙粒

常常我一个人在公寓的屋顶阳台上转来转去，西班牙式的白墙在蓝天上割出断然的条与块。仰脸向着当头的烈日，我觉得我是赤裸裸的站在天底下了，被裁判着像一切的惶恐的未成年的人，因为困于过度的自夸与自鄙。

——张爱玲

性格相似的同类可以做天然的知己与朋友，却不一定适合生活在一起；性格互补的异性倒是更适合在一起，因为很少有冲突——只要互补的是个性，相似的是兴趣爱好，便是绝佳的组合。

很显然张爱玲跟她的母亲属于前者，跟父亲属于后者。每每她跟母亲在一起相处时便神经紧张，因为她的母亲太完美主义，要求高，于是张爱玲便时刻提心吊胆，生怕惹母亲不高兴，黄逸梵一旦不高兴便会说出许许多多抱怨的话，或刻薄或无情，而这些话都被一心渴望被爱的张爱玲记在了心里。

相比之下，她与张志沂在一起生活完全没有这种担忧的必要，她不必讨好他，他堆满小报的烟铺虽然让她看不起，却也让她感到放松，因为毫无压力。在绘画方面她能够跟母亲一起交流意见，在她最为得意的文学方面，饱读诗书的张志沂无疑是最好的倾听者也是最好的交流者。

因而，她曾说过父母离婚以后她并没有感到特别的不快乐，那是因为母亲原本就很少在家里，而与父亲的相处绝大多数是轻松愉悦的。只可惜，这和谐因继母的到来被打破了，她对孙用蕃的讨厌几乎是先天的，毫无来由的厌恶——因为她抢走了她的父亲，那些与父亲谈天说地的老日子被一股脑儿地掠夺了。

可眼下她像一头惊慌失措的小鹿般投奔了母亲来。此时的母亲正经历她人生中最为灰暗的日子。她的财物被张茂渊拿去送了人——帮助李鸿章的长孙李国杰打官司所需费用；她的恋人因为欧战爆发丢了性命，她一路辗转着到过印度，在那里做了印度首任总理尼赫鲁的两个姐姐的秘书；她在英国的工厂里做学徒，想学习制作手袋来卖，可惜她生早了几十年，那时候在东方还不流行定制手袋……诸事不顺，因而张爱玲说这时候母亲的家不再是柔和的了。

只是，这些感情上的不顺与事业上的挫折，她不愿意透露给女儿，母亲太要强太要面子。女儿因为这个原因对她产生了误解，以为自己成为母亲不得已的累赘。

黄逸梵其实是一个特别情绪化的人，心直口快，往往在生气的时候会说出特别伤人的话语，可惜张爱玲并不懂得。

原本财力上比较拮据，她又因为此正跟张茂渊有了不痛快，可为了节约房租，又不得不姑嫂二人租住在一起。张茂渊是特别喜欢独来独往的人——这点个性也影响了后来的张爱玲，孤僻也许算不上，但不是十分热情好客总是有的。

因而黄逸梵与张茂渊这段时间的合住一定是充满了各种不愉快，一个喜欢结交朋友，一个喜欢清静，无法协调的天然矛盾。

现在张爱玲没头没脸地投奔了来，她作为母亲自然是不会让女儿再回到那个差点儿要了她命的地方，但是女儿的到来也确确实实增加了她的负担，为此她时常会说两句，抱怨张爱玲花费了她那么多心血却做不出她所希望的样子来。

“在父亲家里孤独惯了，骤然间学做人，而且是在窘境中做淑女，非常感到困难。同时看得出我母亲是为我牺牲了许多，而且一直在怀疑着我是否值得这些牺牲。我也怀疑着。常常我一个人在公寓的屋顶阳台上转来转去，西班牙式的白墙在蓝天上割出断然的条与块。仰脸向着当头的烈日，我觉得我是赤裸裸的站在天底下了，被裁判着像一切的惶恐的未成年的人，困于过度的自夸与自鄙。”

起初向母亲伸手要钱是一件顶美好的事情，她一直用一种罗曼蒂克的爱来爱黄逸梵。可她渐渐地看出母亲的窘迫与为难来，为她的脾气磨难着，这些琐屑的事情一点点地毁了她的爱。她记得母亲在前一次回国的时候，过马路的时候突然牵起了她的手，两个人都觉得不习惯，因为缺乏爱的了解，于是便有了种刺激性的尴尬。

爱一个人能够爱到向他伸手要零花钱的地步，这是最大的考验，张爱玲如是说。

除了曾经的补习费——据她的自传体小说，她统共考过两次伦敦大学，第一次因为数学的缘故没考上，第二次则是以远东区第一名的成绩被伦敦大学录取。她害怕在这个精美无比的家里犯错误，她走长长的路去补习，为的就是怕向母亲要钱。

“琵琶（张爱玲）打破了茶壶，没敢告诉她母亲，怕又要听两车话。去上麦卡勒先生的课，课后到百货公司，花了三块钱买了最相近的一个茶壶，纯白色，英国货，拿着她从父亲家里带出来的五块钱。三块似乎太贵了，可是是英国货，她母亲应该挑不出毛病来。”（《雷峰塔》）

母女之间需要这样的小心翼翼，爱被包裹得太压抑，只剩下了谨小慎微。

一点点的不愉快像鞋里的一粒细沙，虽不致影响奔跑，总是走起来就痛。

有一次，张爱玲得了很严重的伤寒，大约因为前些时候在父亲的家里受了不少罪，因而身体一时半会儿缓不过劲儿来。母亲为她找了位法国医生——一位母亲的爱慕者，黄逸梵漂亮得体，随便走到哪里总有不少倾慕她的人，此时的她依然年轻，为了张爱玲不得不困在国内。有时她会抱怨说都是因为张爱玲才留在中国，每每如此张爱玲便暗自下定决心一定好好读书，将来将母亲的钱还给她。

亲情，有人说是世间最坚固的感情，因为它不问缘由地爱。其实，亲情有时未必那么固若金汤，一点儿琐事，尤其关于金钱方面的纠葛就能让一家人横眉冷对。这样的事例实在太多，并非张爱玲一人遇到，也非一时一地之事，古往今来皆如是。

张爱玲在那位法国医生的照料下康复得不错，与她同一病房的一个女孩子，十六七岁的年纪，与她相仿，巧合也是得了伤寒，哼哼唧唧一整夜，待到第二天她却听见护士漫不经心地谈起来，死了。生命，有时竟是那样的脆弱。她惧怕起来，以为自己没有死在父亲的老房子，却要因为伤寒而送命。

好在过了一阵子，她的病情好转了。黄逸梵因为每日要照顾她的饮食起居，又要与护士套近乎，弄得烦闷的时候便抱怨起来："你就是个害人精！你只会拖累别人！我真不该救你，就让你自生自灭好了！"

这样刻薄的狠话，确实不太像一个母亲所说。然而，我以为像黄逸梵那样情绪化的女人，她说出这样的话也属于正常。任何人，愤怒的时候说的话总是比刀锋还要锋利。

那时候的她虽然美貌依旧，可年岁不知不觉大了，她时时刻刻感到作为女人的危机感。她曾经不止一次跟张爱玲说过青春易逝、红颜易老的话题，想来也是有感而发。

因而，当她面对张爱玲这样一个甜蜜的负担，肯定会感到身不由己。若不是因为她投靠了过来，若不是她作为一个母亲也是一个女人的责任，她大可以潇洒地甩甩手周游世界，像从前一样。然而，她没有。她没有那样做是出于理性，可从感情上她又一天也不愿意在中国待着。中国的男人，中国的道德观里不太欢迎她那样的女人。

有了这样矛盾的心理，所以她才会那样反复，一会儿要好好培养女儿，一会儿又会抱怨她是个拖累。张爱玲终其一生也不太理解她母亲的这点儿心思，她只想着黄逸梵没有别人母亲的温情。从这个角度来讲，张爱玲也跟黄逸梵一样，是个有些自私自利的女人。

这些自私的小缺点，非但没有折损她的光辉，反而令人感到她的真实。她不是神坛上的女神，也不是天庭里遨游的仙子，诚如她在《忆胡适之》一文中所说的那样，她一直都认为偶像都有"黏脚土"，否则便会站不住脚。

在与母亲一起生活的这段日子，虽然时刻有被教训、被批评的隐忧，但是总体来讲还算平稳。她对目前的训斥一直耿耿于怀，以至于晚年的她给宋淇夫妇的信笺中还要说家长对孩子最好多夸奖少批评，这样的孩子容易建立自信。可见，黄逸梵曾经怎样将她推上了高等教育的路，又怎样带给她十分难过的伤害。

姑姑相比起来倒还好，也许因为究竟不是自己的儿女，就像黄逸梵

所说的一样："姑姑之所以不说你是因为你是外人，有一天你会后悔没人唠叨你。"

多朴实的话，每一个中国的父母都有过这样的时刻吧？

张茂渊对喜欢丢三落四的张爱玲只有一个要求，那就是将她的英文书摆放整齐，否则那些放倒了的萧伯纳等，客人来了还以为她不懂英文呢。

张爱玲此时的英文已经十分好，这为她的未来写作储备了能量与知识。

张爱玲逃出老房子后，除了何干来了一趟，张子静有一天冷不丁地突然跑了来。他拿着球拍和报纸包装着的球鞋，满心期盼黄逸梵能够收留他。可见那个家是真的让人没法留恋了，就连一直被视为与张志沂一边的张子静，如今也投奔了来。

张爱玲虽然气愤他的"家门之玷"事件，但到底是血浓于水的姐弟，内心一直希望母亲能够收留他，然而面上却没有任何表示，因为她自己都是作为"难民"被收留的，哪里还有资格要求母亲做更多牺牲呢？

果然，黄逸梵要他吃了饭后还是回家去。张爱玲退缩在一角默默地哭泣，这是将弟弟推到没有希望的永生里，他还是个少年啊！后来她在《私语》里写到老女佣何干拿来的童年扇子时，这样写道："因为年代久了，一扇便掉毛，漫天飞着，使人咳呛下泪。至今回想到我弟弟来的那天，也还有类似的感觉。"

感觉生活无味无望的张子静，走投无路间投奔了母亲，然而黄逸梵只淡淡地说了句"你还是回去吧"，不得不让人感到悲哀与苍凉。不是她不愿意收留唯一的儿子，而是她的经济负担一个张爱玲已经捉襟见肘，如果再来个儿子显然吃不消。

在她的概念里，他是张志沂唯一的儿子，他不会不给他教育的——事实上，张志沂一直都是在家里请先生来教儿子，断断续续的，张子静很大了才去上学。在这件事上，张爱玲很不客气地说父亲这样做无非是为了省钱——省下钱好跟孙用蕃一起躺在烟铺上吞云吐雾。

黄逸梵又以为不必为这个儿子费心，因为按照中国人的传统，父亲是不会不管儿子的，最后他的家产总是要留给张子静的——然而，张子静生前给张志沂与孙用蕃送终后，得到的唯一资产便是静安区一处十四平方米的老房子！

假如人真的有前后眼，黄逸梵还会不会那样斩钉截铁地要求张子静回去？也许，她对儿子的爱不及对女儿的爱，但至少会为他谋个好的前程吧？

可是，这些只能是令人痛心的假设。因为，历史的车轮从不会倒退着走，岁月的流水也不会回头。

一出没有结局的戏

十九岁离家远走到了香港，像是从繁华闹市到了一个人心荒凉的岛上，孤独而封闭。很多年以后她为上海人写了一出香港传奇，哪知道传奇的背后竟是些琐屑的不堪。

一无是处的才华

好容易船靠了岸，她方才有机会到甲板上去看看海景。那是个火辣辣的下午，望过去最触目的便是码头上围列着的巨型广告牌，红的，橘红的，粉红的，倒映在绿油油的海水里，一条条，一抹抹刺激性的犯冲的色素，窜上落下，在水底下厮杀得异常热闹。流苏想着，在这夸张的城里，就是栽个跟头，只怕也比别处痛些，心里不由得七上八下起来。

——张爱玲

战争说来就来，完全由不得人的想象。张爱玲颇看了些北京作家老舍的作品，想必也看过《四世同堂》。书里赵老太爷听闻炮火轰隆隆砸向北京城的时候，固执地相信只要将门抵死了，战争说走就走的。

可惜，这只是人们的一厢情愿。

20 世纪三四十年代战火肆虐，所到之处人心惶惶，上海置身于战火的包围里，反倒生出一种及时行乐的洒脱来。乱世的人，哪里顾得上将来？

因为欧战爆发，英国是去不成了，退而求其次去当时英国的殖民地香港吧。于是，在母亲的建议下，张爱玲在十九岁那一年踏上去香港的轮船。在一片脏乱的码头，她的送行人只有黄逸梵、张茂渊两人。

就在这需要伤感表现的一刻，拥挤的人群里走过来一个黑、矮、胖的女孩子，人虽然不算漂亮，却浑身透着一股世俗的机灵劲儿。她就是炎樱——炎樱本人对张爱玲给她取的这个名字并不感冒，她本人更喜欢什么“嫫梦”之类的名字。

原本她们补习的英文老师就是同一人，只是从未见过彼此。

炎樱的母亲是天津人，一直在上海生活着，炎樱算半个中国人，父亲是个珠宝商人。《色戒》中，易先生为王佳芝购买“鸽子蛋”的地方正是炎樱父亲开的珠宝店。

她与张爱玲走在一起永远是一道奇妙的风景：张爱玲高、瘦、白，她黑、胖、矮，时时有继续发胖的危险；张爱玲性格较为内敛孤僻，没有什么朋友，炎樱性格外向，活泼开朗，朋友遍天下，人缘极好；张爱玲不会待人接物，只是个“书呆子”——《小团圆》中她的同学评语，而炎樱却对于世俗生活如鱼得水，处处显示出她是世俗世界里的精灵女子。

可，就是这样的不同，却填充着张爱玲此后的青春岁月。

炎樱主动与张爱玲打招呼，张爱玲腼腆一笑。黄逸梵在上船前跟炎樱套近乎，一个劲儿贬低张爱玲的生活能力——其实，张爱玲的生活自理能力不用她贬低，也就那样了，毕竟从前是个处处有女佣照顾的贵族小姐，突然放到了社会上，哪里有自谋生路的本领呢？

但炎樱不同，生意人家的孩子多少会沾染商人的市侩与精明，在这一点上她天然地比张爱玲有优势。黄逸梵又赞她聪明得体，她做这一切无非是希望漫漫旅途里她能够代替她照顾她那可怜的女儿罢了。可怜天下父母心。

张茂渊能做的则是请她的朋友，一位名叫李开弟的工程师做张爱玲的监护人，照顾她在香港的生活。这位李开弟在几十年后，成为张茂渊的丈夫，而当时的张茂渊已经78岁，几乎单身了一辈子。

炎樱处处与张爱玲不同，就连家庭也与她不同。炎樱的家里欢乐和谐，在这样的家庭里成长的孩子性格想不开朗都难。她一眼就瞥见了炎樱的父母如何温柔而热情地与之道别，换到她跟自己的母亲则一切都是淡淡的，甚至连个拥抱都没有。她们不习惯这么亲密。

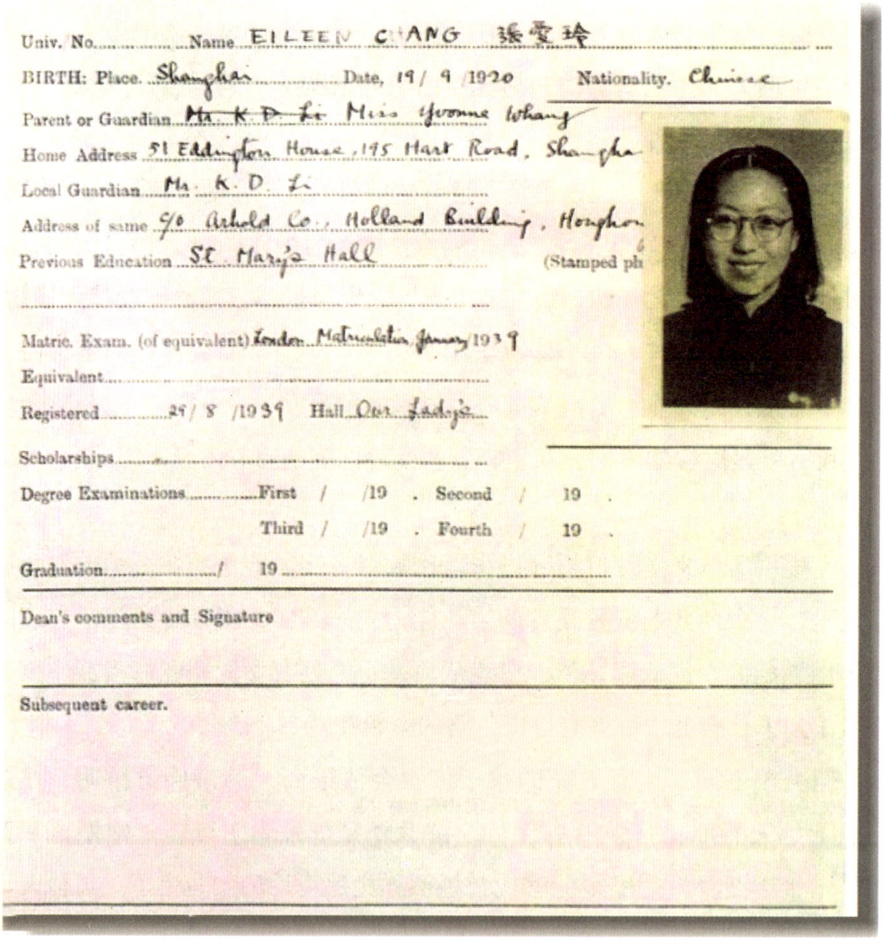

Univ. No. .... Name EILEEN CHANG 張愛玲

BIRTH: Place. Shanghai Date, 19/9/1920 Nationality. Chinese

Parent or Guardian ~~Mr. K. D. Li~~ Miss Yvonne Whang

Home Address 51 Eddington House, 195 Hart Road, Shangha

Local Guardian Mr. K. D. Li

Address of same c/o Arnhold Co., Holland Building, Hongkon

Previous Education St. Mary's Hall (Stamped ph

Matric. Exam. (of equivalent) London Matriculation January 1939

Equivalent

Registered 29/8/1939 Hall Our Lady's

Scholarships

Degree Examinations First / /19 . Second / 19 .

Third / /19 . Fourth / 19 .

Graduation / 19

Dean's comments and Signature

Subsequent career.

张爱玲在港大的入学证件

原本以为姑姑会与自己拥抱一下，哪知临了姑姑只给了她一个英国式的道别。她立在那里有点儿想要尴尬地偷笑，最后还是拼了命忍住了，急切地钻进了船舱里。

炎樱邀请她一起去甲板上再看一眼亲人们，她却摇摇头不愿意去。张爱玲是惧怕分离的场面的，那种似乎必须挤下几滴眼泪才算圆满的场面，不如不见。从前送黄逸梵去法国时有过一次，送何干的时候也是，她害怕那种尴尬。

船上的无聊时光全被健谈的炎樱给打发了，自然她还有书可以读。经过漫长的航行，船终于抵达了目的地，香港。初到香港的感受如何，她后来也没有过多的描述，但也许从她的传世名作《倾城之恋》里可以找到点儿当时的影子："好容易船靠了岸，她方才有机会到甲板上去看看海景。那是个火辣辣的下午，望过去最触目的便是码头上围列着的巨型广告牌，红的，橘红的，粉红的，倒映在绿油油的海水里，一条条，一抹抹刺激性的犯冲的色素，窜上落下，在水底下厮杀得异常热闹。流苏想着，在这夸张的城里，就是栽个跟头，只怕也比别处痛些，心里不由得七上八下起来。"

炎樱学医，当时的港大许多东南亚的学生都是学医。只有张爱玲一个人学文学，那时的港大文科并不算好。她与一切的同学都显得格格不入。她来自内地，从内地过去的学生统共就几个人，她生在上海，竟然连上海话都不太会讲，广东话就更不会讲了，本来她就是个不愿意开尊口的人，因为语言不通索性沉默。

书是她最好的朋友，就像她写给朋友的信里所说的一样。

在没有人与人相交接的地方，她充满了生命的欢愉。

周围的同学非富即贵，她身处于一群橡胶大王的子女中，少女的敏感和自尊常令她更为沉默。在上海的圣玛利亚女校，虽然穷困但还不至于那么窘迫，如今正是女孩子该打扮恋爱的季节，偏偏她没有多余的钱装扮自

己，身体也只是一味地抽条，细而高，仍像孩童，没有女性的魅力。她的感情世界一直空白得可怜。别人都嫌她古怪，只知道学习，背地里叫她书呆子。她听了倒也不去分辩，本来就是书虫一个，还有什么可争辩的？

贫穷像旧年的冻疮般，如影随形跟着她，走过她人生的花季雨季。满校园里只有她一个人买不起一支自来水笔，到处托着一瓶钢笔水走动，成了同学间议论的对象。

没有贫穷过的人无法理解其间的辛酸，不可为外人道也。

几十年后她在《忆〈西风〉》里这样写过一件令她尴尬的事情：

“本地人都是阔小姐，内中周妙儿更是父亲与何东爵士齐名，只差被英廷封爵的‘太平绅士’，买下一个离岛盖了别墅，她请全宿舍的同学去玩一天。这私有的青衣岛不在渡轮航线内，要自租小轮船，来回每人摊派十几块钱的船钱。我就最怕在学费膳宿与买书费外再有额外的开销，头痛万分，向修女请求让我不去，不得不解释是因为父母离异，被迫出走，母亲送我进大学已经非常吃力等等。修女也不能做主，回去请示，闹得修道院长都知道了，连跟我同船来的锡兰朋友炎樱都觉得丢人，怪我这点钱哪里也省下来了，何至于。我就是不会撑场面。”

这段叙述没有张爱玲一贯的冷艳和刻薄，平静如水的写作下我却看到了那个几十年前左右为难的少女，为了一点儿钱，那样的难堪。也难怪她要这样斤斤计较，在晚年还不忘记写下一笔。英国著名作家乔治·奥威尔跟她一样年少时受过穷，他就曾写过没有人能理解贫穷对于一个少年（少女）所带来的震动这样的话。

何况她还是在一群富贵小姐的包围里？个中滋味只有她自己饱尝，外人再怎么想象着体谅也只是隔靴搔痒。

张爱玲一生看重世俗生活的意义，自然也包括对待金钱的态度，固然与她出身大家庭有关，想必这些上学时期的窘困只怕也是助她了解金钱重要的原因。

在港大，她成为一个熟读古书满肚子旧诗文的异类，尽管她的英文也十分好——张子静就曾写过这样的事情，张茂渊对他说：你姐姐真是个怪人，什么样的英文书拿过来就看，哪怕是一本牙医的书。

她在那儿，没有任何优势。论家世，她那个早已破落的家世简直不值一提，香港一直就是一座务实而重经济的城市，那些新鲜阶层的资本家才是吃香货；论样貌，张爱玲虽不至于丑，但若说她多么美貌恐怕也言过其实了；论性格，她孤僻不善于与人周旋，处处显示的只能是她的劣势。

就连她一向骄傲的中文，在这里也失去了用处。在《对照记》里，她曾经这样写过她的父亲：“我父亲一辈子绕室吟哦，背诵如流，滔滔不绝一气到底，末了拖长腔一唱三叹地作结。沉默着走了没一两丈远，又开始背另一篇。听不出是古文时文还是奏折，但是似乎没有重复的。我听着觉得心酸，因为毫无用处。”

张爱玲的唯一长处，在港大校园里也有这种类似的“毫无用处”的心酸。

西风多少恨

不过十几岁的人感情最剧烈，得奖这件事成了一只神经死了的蛀牙，所以现在得奖也一点感觉都没有。隔了半世纪还是剥夺我应有的喜悦，难免怨愤。

——张爱玲

王国维在《人间词话》里称清人纳兰容若写词为“有宋以来第一人”，确乎如此。纳兰词里有一句并不为多少人所熟知的，我却十分喜欢，因为它透着无数的风情韵味。“西风多少恨，吹不散眉弯”，每每读到此词我像巴甫洛夫的条件反射一样，不自觉地就想起张爱玲跟上海《西风》杂志社的一段文坛公案，于当事人来讲，确实是西风多少恨。

张爱玲到了港大以后，努力适应着那边以英文教育为主的生活学习习惯，将中文当作一柄不轻易示人的利剑深藏于心。

在这个以写流畅的英文为骄傲的地方，她实在没有一样拿得出手的东西。然而，一个来自她的故乡上海的机会来了。当时，上海《西风》杂志社举行了一次征文比赛，名为——《我的……》。《西风》是一本十分洋派的杂志，也是十分具有海派风格的杂志，这本杂志的顾问便是当时红遍天下的林语堂。彼时的张爱玲对林语堂十分羡慕，曾经说过这样的话：“我要比林语堂还要出风头！”

这样便不难理解她缘何要给《西风》投稿了。张爱玲后来在《忆〈西风〉》里这样写道：“我写了篇短文《我的天才梦》，寄到已经是孤岛的上海。没稿纸，用普通信笺，只好点数字数。受五百字的限制，改了又改，

《天才梦》

一遍遍数得头昏脑涨。务必要删成四百九十多个字，少了也不甘心。”

大约张爱玲在“西风”这件事上隐约记错了一些细节，有人找出当年的《西风》杂志，赫然写着的却是“五千字以内……”，诸如此类，云云。

“法国修道院办的女生宿舍，每天在餐桌上分发邮件。我收到杂志社通知说我得了首奖，就像买彩票中了头奖一样。宿舍里同学只有个天津来的蔡师昭熟悉中文报刊。我拿给她看，就满桌传观……”

张爱玲或许会记错当时的征文要求与细节，但别人通知她得了首奖的事情，给当时的她“出口气”的事情，想必不是记错了。越是这样，越是证明它的真实性。因为这件事好比一个一穷二白的女学生，一直吃不好穿不好，猛然间收到别人赠送的一件漂亮连衣裙一样，那样喜悦，自然就念念不忘。

甚至更甚，因为这是她自己凭借努力得来的荣誉。“蔡师昭看在眼里，知道我虽然需要钱，得奖对于我的意义远大于这笔奖金。”

那时的张爱玲满怀期待，期待看到结集出版的书籍，和餐桌上分发邮件时众人的惊呼——我的天！那么多的奖金！她等着同伴们的侧目，那样需要被承认，因为她自小以来一直在否定声中长大，唯一的肯定却是来自父亲那一面。

人类大约对于纸质书有种天然的迷恋和迷信，以为一旦白纸黑字敲定

了，仿佛便是种权威的象征，至少是种能力的证明吧。因而，张爱玲万分期待《西风》杂志社的最后通告。

可，越是希望的事情最后往往落空。

她晚年这样沮丧地说："不久我又收到全部得奖名单。首奖题作《我的妻》，作者姓名我不记得了。我排在末尾，仿佛名义是'特别奖'，也就等于西方所谓'有荣誉地提及（honorable mention）'。"

在这样尴尬的一刻，她竟然还想到了幸亏没有写信告诉黄逸梵，否则该有多么囧！

原本期待能够一扫被人小瞧的境地，哪知竟然让自己那样难堪，恨不得找个地缝吧？后来征文结集出版的时候，倒是用了张爱玲的题目《我的天才梦》。

天才梦，区区五百字不到，却让我们看到了一颗文坛新星呼之欲出。今天任谁看了这篇短文都会忍不住为她早慧的犀利文风所震撼，尤其是末尾那一句"生命是一袭华美的袍，爬满了虱子"。

写《我的天才梦》那一年她是个才十九岁的少女。"不过十几岁的人感情最剧烈，得奖这件事成了一只神经死了的蛀牙，所以现在得奖也一点感觉都没有。隔了半个世纪还剥夺我应有的喜悦，难免怨愤。"

出名要趁早啊，这是张爱玲一直以来的观念，所以才会对十九岁那一年的征文比赛那样耿耿于怀。

她渴盼奖金，因为她受穷；渴望得奖，因为想在母亲的面前露个脸，好让她夸赞两句——黄逸梵对于儿女们的表现实在吝于夸奖。再者，她也许想借着这样的事情好证明给母亲看：看看，我是有还你钱的本事的。

她一直说"我知道二婶为了我牺牲很多，我将来一定会还钱给二婶的"。

多悲哀，母女之间竟然要这样楚河汉界泾渭分明。

时间像离弦的箭一般，轻描淡写间就射过了一个寒来暑往。暑假的时

候原本说好跟炎樱一起回上海的，那个家再怎么冰凉，也是个家。何况，整个上海对她来讲是一处巨大的容身之所，只有在那里她才能感到人生的欢愉与自在。

她在别处写过这样的话，还是爱上海，没有离开已经想念了。上海，对她而言就是朦朦胧胧的巨大的家的概念。很多年后，当她独居美国时，闭门谢客的习惯没改，但是有一次翻译家冯亦代去美国，给她家中的邮箱里写上希望能见上一面的话语云云。

她后来说上海来的朋友还是想见一见的，只可惜等她看到那封短笺的时候冯亦代已经回国了。什么人都不愿见，除了上海来的。上海是她的根，她的魂魄，哪怕几十年别居海外，梦里也要招她的魂去幽会。

因而，对她来讲，她暑假说要回家，与其说回家，倒不如直接说回上海。她整个的人都是上海的。

可惜，说好的跟炎樱一起回去，不知怎么炎樱悄无声息地一个人独自回去了，留下了张爱玲一个人孤零零地住在修道院办的宿舍里。从来不喜欢放声痛哭的她破例哭了一回，且是那种撕心裂肺的恸哭，我以为应该不是孤单的落寞感带来的失落导致情绪崩溃，而是她向来喜欢别人言而有信，这样不着边际，又是自己唯一的信得过的朋友，怎么想都是十分受伤。这伤害里又涌进了一点点恼恨的怒火。

她干脆不回去了，一个人安安心心地住下来，倒也省心，起码不用听黄逸梵的唠叨，不用因为住在姑姑那里，担心她嫌她烦。整日里只有书为伴，日子虽清苦，总也是好的。

可是有一天，让她意想不到的是母亲黄逸梵来了，她还是那样明艳动人，时髦女郎。有天下午，一个老嬷嬷告诉她有人找。来者正是她的母亲——想不听唠叨都难。老嬷嬷引导她去校园里逛逛，随口一问："你住在哪里？"

黄逸梵顿了顿说道："浅水湾饭店。"听了母亲的话，张爱玲觉得十分尴尬，因为她之所以搬到修道院来住，完全是为了节省一个夏季的住宿费，何况有修女知悉她家庭困难的情况。黄逸梵冷不丁冒出一句"浅水湾饭店"，着实让人窘迫，因为那是全香港最贵的酒店。

她猜到母亲能这样"挥霍"一定是姑姑还了她的钱了。张茂渊为了年轻时所谓的爱情，贴了人还贴了钱，不划算。因为帮助她所爱的什么表侄子打官司，她先是发动张志沂一起与张志潜打官司，后来官司败了又拿了黄逸梵的钱贴给李国杰。与亲戚反目，跟哥哥成仇，总之，一败涂地。

黄逸梵也不说自己要到哪里去，好似是印度马来西亚之类，张爱玲也不好问。她们母女的关系永远这样亲密中带有距离感的尊敬，疏离又了解，很奇怪。

母亲在香港住了不少时日，那段时间她每天要乘车去浅水湾饭店，在那里她见到了母亲同行的朋友，也是后来香港爆发战争后她时常去见的人，最终这一对平凡男女化身成《倾城之恋》里不朽的白流苏与范柳原。

阅尽人间沧桑，写尽世间男欢女爱，不如自己有个倾心相爱的人。在世界崩坏的一刻，唯有人与人之间的关系是"真"的。

最后一根稻草

朋友是自己要的，母亲是不由自己拣的。从前人即使这样想也不肯承认，这一代的人才敢说出来。

——张爱玲

同性之间做朋友，难免喜欢比较，虚荣心作祟。炎樱总是用一根手指略带嫌恶地戳一下张爱玲的小腿，然后称她那白皙的腿叫死人白。也许，因为她不够爱她，也许只是单纯地太爱自己，以至于稍微超出自己所拥有的范围，便要被视为不好。

她自己黑自然心里嫉妒张爱玲的白皙——炎樱的种族或许以黑胖为美，但她毕竟算半个中国人，且一直在中国长大，怎能不懂东方的审美？白皙纤瘦是中国人的心头好。

因而，她们的关系属于亲密中还略带竞争性的。两个都太过自恋的人，无论如何不会真心爱上对方，因为缺乏体谅与宽容，因而，张爱玲与炎樱自始至终就是个青春好做伴的朋友。

她一直缺爱，没有谁给过她满足的爱，也没有人给过她欣赏和信任的爱。父亲那边就不消说了，黄逸梵对她永远是要求多过赞美，就连姑姑张茂渊也说过这样的话：同你在一起，人都会变得自大，因为对方太无能。

刻薄的幽默，但听者无论怎样总会在心里留下点儿伤痕。就像她在港大的几年，也是一样的灰暗缺爱，直到她的历史老师佛朗士教授出现。佛朗士是一位单身汉，英国人，为人有着简单的快乐，反对一切现代化的文明，认为人应当过着返璞归真的生活，在这一点上倒是与《瓦尔登湖》的作者梭罗有着几分相像，难怪晚年的张爱玲还写过一篇关于梭罗的文章，也许在他的身上看到了一点儿当年老师的影子。

他的日子过得十分简朴，自己从来不坐汽车，家里唯一一辆破旧的汽车是给仆人买菜用的。因为为人真诚不喜奉承，因而在港大算是过得不太如意的老师，但是他似乎对此并不介意。他本人是剑桥毕业的高才生，常常能够将呆板严肃的历史书讲得风生水起，课堂上同学笑声四起。

这是他的魅力，有一段时间张爱玲甚至疑心自己爱上了他。

“他有孩子似的肉红脸，磁蓝眼睛，伸出来的圆下巴，头发已经稀了，颈上系一块暗败的蓝字宁绸作为领带。上课的时候他抽烟抽得像烟囱。尽管说话，嘴唇上永远险伶伶地叼着一支香烟。翘板似的一上一下，可是再也不会落下来。烟蒂子他顺手向窗外一甩，从女学生蓬松的鬈发上飞过，很有着火的危险……”

这是张爱玲在《烬余录》里描写的历史教授，不拘一格，不拘小节，幽默俏皮带着孩子气。

他很喜欢张爱玲这个学生，大约在张爱玲身上看见了一个新星的兆头，也可能仅仅出于对学业好的贫困女生的怜悯与同情。但是说他对张爱玲仅仅是同情似乎又将他的感情世俗化了，他是伯乐，给了她人生第一份大礼——自信。

在《小团圆》里，写了这样一件事，张爱玲从浅水湾饭店回到学校时，收到了一份厚厚的邮件，打开一看却是许许多多卷了边的或新或旧的港币，数了数，一共八百港币！这在当时来说绝非一笔小数目。

“先看末尾签名，是安竹斯(佛朗士)。称她密斯盛(盛九莉，即张爱玲)，说知道她申请过奖学金没拿到，请容许他给她一个小奖学金。明年她如果能保持这样的成绩，一定能拿到全部免费的奖学金。

“一数，有八百港币，有许多破烂的五元一元。不开支票，总也是为了怕传出去万一有人说闲话。在她这封信是一张生存许可证，等不及拿去给母亲看。”

这笔钱对她来讲不仅是可以缓解她生活上窘困的钞票，而且是一种证明，她终于可以证明给母亲看，她原来不是个无用的人，读书好也可以拿到钱，甚至佛朗士教授说按照她现在的成绩，毕业后可以直接到牛津大学去读研究生。

从前去英国留学的梦又被点燃了。这八百块港币是茫茫海面上指路的灯塔，也是救生服，因为有了它，终于可以扬眉吐气一番，至少在母亲面前自己不再一无是处。

幸亏母亲今日叫了她去，不然还要憋一两天，怎么熬得过去？“心旌摇摇，飘飘然飞在公共汽车前面，是车头上高插了只彩旗在半空中招展。到了浅水湾，先告诉了蕊秋（黄逸梵），再把信给她看。邮包照样包好了，搁在桌上，像一条洗衣服的黄肥皂。存到银行里都还舍不得，再提出来也是别的钞票了。这是世界上最值钱的钱。”

她的喜悦与珍视，隔了那么久远的时光，读着这样富有温度的文字，

还令人震撼。

可是，这样一张“生存证书”，世界上最值钱的钱，母亲却说：“这怎么能拿人家的钱？要还给他。”

更糟糕的还不是这里，而是黄逸梵以为张爱玲与佛朗士的关系不正常，这些钱大约是女儿的“卖身”钱！在另一本自传体小说里，黄逸梵有一次在张爱玲洗澡的时候莫名其妙地闯了进来——用中国最为古老的方法，“鉴定”她是否还是处子之身。

这样的事情自然让张爱玲出离愤怒，原本她以为母亲会感到骄傲和希望，谁承想她那样轻视她。压抑着心里的不满，她听话地将钱留在了母亲的桌上。后来两天心里着急得要命，想问黄逸梵怎么处理那笔钱可是又不好意思问，于是一直憋着，简直成了心里的一块病。

然而，再一日去浅水湾母亲那边的时候，恰巧碰见黄逸梵的朋友过来，称他们昨天打牌，黄逸梵输了钱，整整八百块！《小团圆》里这样说道：

“偏偏刚巧八百。如果有上帝的话，也就像‘造化小儿’一样，‘造化弄人’，使人哭笑不得。一回过味来，就像有件什么事结束了。不是她自己作的决定，不过知道完了，一条很长的路走到了尽头。”

究竟是一条什么样的漫漫长路，又是怎样一件事结束了呢？

那是一条依靠血缘连接着的亲情之路，也是努力想要爱着母亲的一件宏伟的事情，终于结束了，不是经由她的手，而是母亲亲手了结了它，愤怒里夹杂着失望和满不在乎，以至于后来的她在上海写了舅舅家的事情——《花凋》与《琉璃瓦》，舅舅一家生气，从此不跟她往来，她的姑姑笑着说："二婶回来要生气了。"

"二婶怎么想，我现在完全不管了。"不管，是一种放任，你爱怎么样就怎么样，过去如果说还谨慎地想要讨好母亲，如今她如何想她都不在乎了。不在乎就是放弃，她有这个母亲跟没这个母亲，关系不大。

自从这八百块钱的事情发生后，她对于母亲一直便是这样的态度，那笔钱成为压死骆驼的最后一根稻草。姑姑只好说："她倒是为你花了不少钱。"她则回答她道："二婶的钱我无论如何一定要还的。"像因为赌气而发誓的孩子，以为还清父母为了培养她的钱就算还清了人情一样。

那时候的张爱玲还年轻，没有晚年后的通透与豁达，太爱计较，哪怕与自己有着血肉之亲关系的母亲，也不例外。

"反正她自己的事永远是美丽高尚的，别人无论什么事马上想到最坏的方面去。”张爱玲如是评价她的母亲，虽刻薄了点儿，却也未必不是实情。因为黄逸梵跟她一样是个自私而自恋的女人，一个自负于自己的美丽，一个自负于自己的才华与魅力，除了自己，天下的女人哪有几个入得了眼呢？

何况，黄逸梵因为漂亮的缘故，从来不缺追求者，兼着本来个性上的刚强，使得别人与她相处起来总感到一股压力，透不过气来。尤其，两个一样只认同自己的女人在一起，简直要了命。

在香港的几个月里，黄逸梵倒是跟张爱玲说了不少成人间的事情，到底把她当作一个成年人来对待了。然而，张爱玲宁愿喜欢童年，她记忆里的母亲永远是那样，换上一身漂亮衣服去跳舞，她就站在过道那儿看着她，替自己找定了一个小客人的位置，尽管是客人的身份，因为有童年的安全感，所以分外留恋。

黄逸梵告诉她说舅舅黄定柱是抱来的，讲当年娘家的一个老嫂子怎样冲破层层检查抱回来一个男婴——若没有这个男婴，那个旧家庭就要将他们孤儿寡母生吞活剥了去。血淋淋的家族感情，令人听了汗毛倒竖。却是真的。

张爱玲在一篇名为《谈看书》的散文里说过这样的话：事实比虚构的故事有更为深沉的戏剧性，向来如此。

她自己的家族故事就是这样的富有深沉的戏剧性。

母亲在谈了那么多娘家陈年往事后，却话锋一转要她尊敬舅舅，将来千万不要去跟舅舅打官司。张爱玲一惊，母亲怎会把她看作这样的人？可黄逸梵却又继续唠叨着：“你们家的人啊，谁不知道！”

她始终没把自己当作张家的人，这也是中国绝大多数女性的宿命吧？

她憎恨张家的人，就连没见过面的婆婆李菊藕，她也连带着一起怨恨。因为张家消耗了她的青春，却没给她美好的未来。

人类天生地喜欢浪费

我们对于战争所抱的态度，可以打个譬喻，是像一个人坐在硬板凳上打瞌盹，虽然不舒服，而且没结没完地抱怨着，到底还是睡着了。

——张爱玲

“大考的早晨，那惨淡的心情大概只有军队作战前的黎明可以比拟，像《斯巴达克斯》里奴隶起义的叛军在晨雾中遥望罗马大军摆阵，所有的战争片中最恐怖的一幕，因为完全是等待。”

这是张爱玲在自传体小说《小团圆》中开头写到的事情，那一年已经是她在港大的最后一年冬季，眼看着要期末考试了，人心惶惶，平时忙着恋爱的人不免忧心忡忡，担心不能考出好成绩。

张爱玲也在这担忧的人群中，她不是忧心不及格，而是忧心能不能继续考出好成绩，拿到奖学金，安慰历史老师佛朗士的心，总算没白栽培她。港大已经承诺，她毕业后直接去牛津继续深造。

几个同学互相问答着温书，互相说着令自己都不敢置信的话。“哎呀，我都没看书！”“死喽，死喽，一点儿书都没看！”是不是相当熟悉？每逢考试前夕，这样的声音充斥我们的耳膜，女人就是这一点假。明明努力了，明明背地里看书了，偏偏要说自己没看书，还要做出忧心不及格的样子。

也许，这不是假，而是女人天生地喜欢比较，生怕自己被人比下去了，一点儿虚荣心支撑着，只好告诉同学说自己还没有准备好，不然考砸了的

话如何是好？考好了还好，那是天分高，嫉妒不来。

炎樱问张爱玲的历史准备得怎样，她只漫不经心地说大概总是能及格的，其实自己心里也迷糊，因为讲到了近代史，那是她所熟悉的历史，因为有她的先人，李鸿章、张佩纶，亲友的小道消息也许比白纸黑字的历史教科书说得还要可信，还要有趣吧？近代史让她觉得有些生硬，因为纸上的文字隐去了太多的内容。她一生尊敬的偶像胡适先生就曾说过历史是个任人打扮的小姑娘。

可是，在这一片紧张的慌乱里却出现了更为令人惊叹的声音，不知谁喊叫了一声说战争爆发了，英国在欧洲已经忙得焦头烂额，作为其殖民地的香港只怕是顾不过来了。日本人真的打过来了！不敢置信，一直谣传着的谣言成真了。

不用考试了！许多学生首先感受到的是解脱，轻松。张爱玲，稍稍不同，在轻松懈怠之余又隐约有点儿遗憾，不会不考了吧？她别无长处，唯有读书好。

然而，刚听闻战争消息的同学第一反应不是恐惧，而是发愁没有合适的衣服穿！张爱玲在《烬余录》里写过这样的趣事，宿舍里一位有钱华侨人家的女儿，每天要穿不同的衣服——对于社交上的不同场合需要不同的行头，从水上跳舞会到隆重的晚餐，都有充分的准备，但是她没有想到打仗。

竟然想的是如何找到合适的衣服穿——怎样的幼稚才能说出这样的话？难怪时隔两年后张爱玲写作时还不忘调侃两句。也难怪，和平世界里长大的人哪里得知战争的残酷？一切事情，人们务必要自己亲身经历过了，方才知晓个中滋味。

所有的想象，不过是想象。因为，想象不能代替事实，想象不是夸大痛苦，就是一味避重就轻。

“至于我们大多数学生，我们对于战争所抱的态度，可以打个譬喻，是像一个人坐在硬板凳上打瞌盹，虽然不舒服，而且没结没完地抱怨着，到底还是睡着了。能够不理会的，我们一概不理会。出生入死，沉浮于最富色彩的经验中，我们还是我们，一尘不染，维持着素日的生活典型。有时候仿佛有点反常，然而仔细分析起来，还是一贯作风……”

战争也没改变了人与人性。自私的依旧自私——张爱玲与炎樱两个人曾经在看护伤员时，一边不耐烦地听着他们的号叫，一边自己去温了牛奶喝，且不管他们如何用直勾勾的眼神望着你，张爱玲说自己一向缺乏正义感——其实，她对整个的人世有种天然的悲悯，像老子所说的“天地不仁，以万物为刍狗”，她的悲悯与同情完全是天与地的，不是那种温情脉脉时常流露的小情调。

但，世人都爱这小情小调，因为温暖。她不是习惯让人感到温暖的女人，她是冷艳之外自有大世界。

因为粮食渐渐地要靠配给，本来就不够吃，可同学们个个吃得比平时多。

——每个人都想着不知道下一顿还能不能吃到美味的饭菜，即使是漂着青虫的菜汤，也总有结束的一日。

人人都被这种惶恐感攫住了，总觉得身后有种惘惘的危机，于是及时行乐伴着急切想要抓住点儿什么的心理，使得人们特别愿意找点踏实可靠的东西，人们竞相结婚了。倒不是因为有多恩爱，而是战争的恐慌让人们感觉到了爱，就像《倾城之恋》里的男女主角一样。

在一片昏天暗地的轰炸里，人人自危，害怕与人有着亲密的关系，怕被粘连上，如果需要帮忙，不伸手又说不过去，于是只好做个独来独往的独行侠。

还好，炎樱尚在身边，还不算孤独。炎樱的胆子向来很大，洗菜的小大姐都不敢靠近窗户，因为害怕被流弹击中，但炎樱不怕。同学们挤在宿舍的最下层，只听见机关枪“突突突”“哒哒哒”的声音，有今天没明天的。

“同学里只有炎樱胆大，冒死上城去看电影——看的是五彩卡通——回宿舍后又独自在楼上洗澡，流弹打碎了浴室的玻璃窗，她还在盆里从容地泼水唱歌……她的不在乎仿佛是对众人的恐怖的一种嘲讽。”

一开始还有粮食配给，慢慢地因为战争越来越激烈，港大停止办公了。

异乡的同学被迫回乡，无家可归的流浪儿一样，除了参加守城工作，否则别无出路。回上海的船票一票难求——那时的返乡船票也许比之今时今日春运的票要难多了，因为有钱也买不到。两眼昏黑，完全看不到出路，是生是死全凭命运的裁决。

为了有容身之所也为了能得到一点儿可怜的口粮，张爱玲毅然报名参加了守城工作。刚报完名出来就遇上空袭。炮声轰隆隆地砸向地面，没有可以防御的地方，不知道自己身在何处，那样赤条条地站在天地间，真有种原始的荒凉感。

“轰天震地一声响，整个的世界黑了下来，像一只硕大无篷的箱子，啪地关上了盖。数不清的罗愁绮恨，全关在里面了……”

“我觉得非常难受——竟会死在一群陌生人之间么？可是，与自己家里人死在一起，一家骨肉被炸得稀烂，又有什么好处呢？”她第一次真正地想到了死，那一刻她才悲哀地意识到这样的问题：在斜坡路上走着，她猛地想到都差点儿炸死了，也没有谁可告诉。比比（炎樱）走了。非仅是香港，而是在这个世界上，有谁在乎？有幸不死的话，她倒是宁愿告诉她的老阿

妈（何干）……将来她会告诉珊瑚姑姑，不过姑姑就算知道她差点炸死了，也不会当桩事。比比倒是会想念她的，可是比比反正永远是快乐的，她死了也一样。

战争对她来讲与其说是恐怖的事情，倒不如说是一个让她想清很多事情的契机。

在同学们报名守城的同时，佛朗士教授也嚷着要参军护城。像绝大多数的英国人一样，他报名参军。在某个黄昏时分他返回营地的时候，也许在思考着某个问题，教授、书呆子大约时常如此吧，总之哨兵叫了他，他却像没听见一样径直走路，然后在一声枪响之后佛朗士倒下了。

这个曾给过张爱玲最初的温暖与希望的英国人，在战争爆发的时候却死在了自己人的枪口下。张爱玲说可惜了，这么好一个人，真是人类的浪费，最没有目的的死。

人类天生地喜欢浪费，尤其是对天才的浪费。

那些触目惊心的战事

现实这样东西是没有系统的，像七八个话匣子同时开唱，各唱各的，打成一片混沌。在那不可解的喧嚣中偶然也有清澄当年，使人心酸眼亮的一刹那，听得出音乐家的调子，立刻又被重重黑暗拥上来，淹没了那点了解。

——张爱玲

战争一旦打响，各色人等纷纷登场，人类的恶被空前地放大，像压抑许久的困兽跑出来，见人杀人见神杀神，杀红了眼。

战乱对于张爱玲这样“无家可归”的外地女学生，触目惊心的倒不是死亡，而是如影随形的饥饿，不知道什么时候配给的粮食才能下来，总是一句“快了，快了”，却没有一定的日期可以期待，像等待一个不知道会不会来的人一样，那样心焦却无能为力，又因为别无他法唯有等待。

此时的张爱玲在香港真的是举目无亲，就连炎樱也被分在了不同的地方，在城里的中环。而当时母亲与姑姑托付的监护人李开弟先生早已离开了香港，又将她托付给另一位友人，一位港大教授。

如果说战争中还有什么是可以值得欣慰的，也许要算得上给一位教授帮忙了——在图书馆里干活儿，事情特别简单，让她记下每一次防空警报、空袭以及解除警报的时间。运气实在太好，一个书虫被分到图书馆，简直像孩子被领进了玩具店。她忙着读书，时常忘记教授安排的活儿，等到那位教授问起来的时候，她总是略带不安地回答一句：“哦，我忘了。”一如当年在上海的圣玛利亚女校，忘了交作文时的腔调。

在这样忙乱的时刻，她只顾着挑拣自己感兴趣的书阅读，有时也会想到

万一流弹砸中了窗玻璃，玻璃戳瞎了眼睛可怎么好？那样便无法读书了，然而又想着“皮之不存，毛将焉附”，将自己嘲笑了一番，又心安理得地读书去了。

没在南方过冬的人也许无法理解香港的冬天，照样冷得人牙关直颤。冷与饿是最难挨的事情，为了打发饥饿的时光，她时常靠着读书喝点儿热水就过去了。

“她在循道会拿旧的画报杂志当毯子盖。杂志冰凉又光滑，只要不滑下地，还是可以保暖……满目疮痍的感觉，使她缩回了自己，求取保护，觉得是贞洁良善的，因为把自己照顾得很好。深深地弯腰，触碰脚趾十次。”

这样饥寒交迫中过了两日，她还自我安慰道，这样断食有助于身体健康，可是渐渐地只感到头也变得轻飘飘的，身体空落落的，有点儿累，像是热水澡泡太久……只有晚上胃微微抽搐，但一会儿就过去了。

饿着肚子，她照常去教授那边报到。教授的太太过来，给丈夫送饭，一碗炒饭。“琵琶在书上读过饿肚子的人看见食物，喉咙里就会伸出只手来……等她真的饿昏了，她会开口问他们要，可是还不到时候。她把两眼黏住一本枯燥的书，不动声色。可是林先生清楚她的窘境。他一头吃，脾气很坏的样子，无疑在提醒自己，她这个人不负责任而且一无是处。”

战争不仅让人变得恶，甚至连仅剩的一点儿怜悯也随着炮声消散得一干二净。

这样的日子没持续多久，听说香港沦陷了，日本兵很快就要入城。港大抢在日本人进驻之前，忙着清理各类文件，就连学生的成绩单也不放过。《小团圆》里特别写到这样的事情，倒不是张爱玲成名多年还念念不忘此等小事，实在是港大里唯一的骄傲便是那些成绩报告单。

“此地没有成绩报告单，只像发榜一样，贴在布告上，玻璃罩着，大家围着挤着看。她也从来不好意思多看，但是一眼看见就像烙印一样，再也不会忘记，随即在人丛中挤了出去。分数少了，确是像一世功名付诸流水。”

一位男同学特地跑来跟她说这样一件事，再三邀请她去看那滔天的火光。她怎能去？她想起了小时候发现弟弟在她画上偷偷画一条黑杠子的童年。嫉妒，人类的天性。

终于停战了，一切都结束了。如同喝醉了酒一般，兴奋却一时找不到方向。香港沦陷后她跟炎樱满街去找卖冰激凌的地方，什么都想买，广东土布、唇膏。可是，兜里的钱实在有限，还要预备着回上海的船票。只能看看过着眼瘾，即便是这样也还是高兴。

她们能够不知疲倦地满港岛跑，只为吃一口满是冰屑子的冰激凌。从那时候开始，她体会到了怎样以买东西当作一件消遣。

也是从这个时候开始，她开始接受炎樱那套理论——炎樱向来总说她太过苍白无力，想要引起别人的注意，唯有往奇装异服的路上走。

日后，她回到上海的时候总是这样着装，唯恐别人注意不到她，哪怕成名以后，她有一次去印刷厂也是穿着美艳不可方物的衣服，引得印刷厂的工人都停下来观看。

她解释说她的这种衣服控也许是受到当年孙用蕃赠衣的影响，无论如何，她好似一下子开窍了。知道如何打扮自己，不再是过去那个丑小鸭，如她自己所讲，长大了也还是个丑小鹭鸶。

也许，女人的韵味与魅力正是从这个时候开始绽放的。

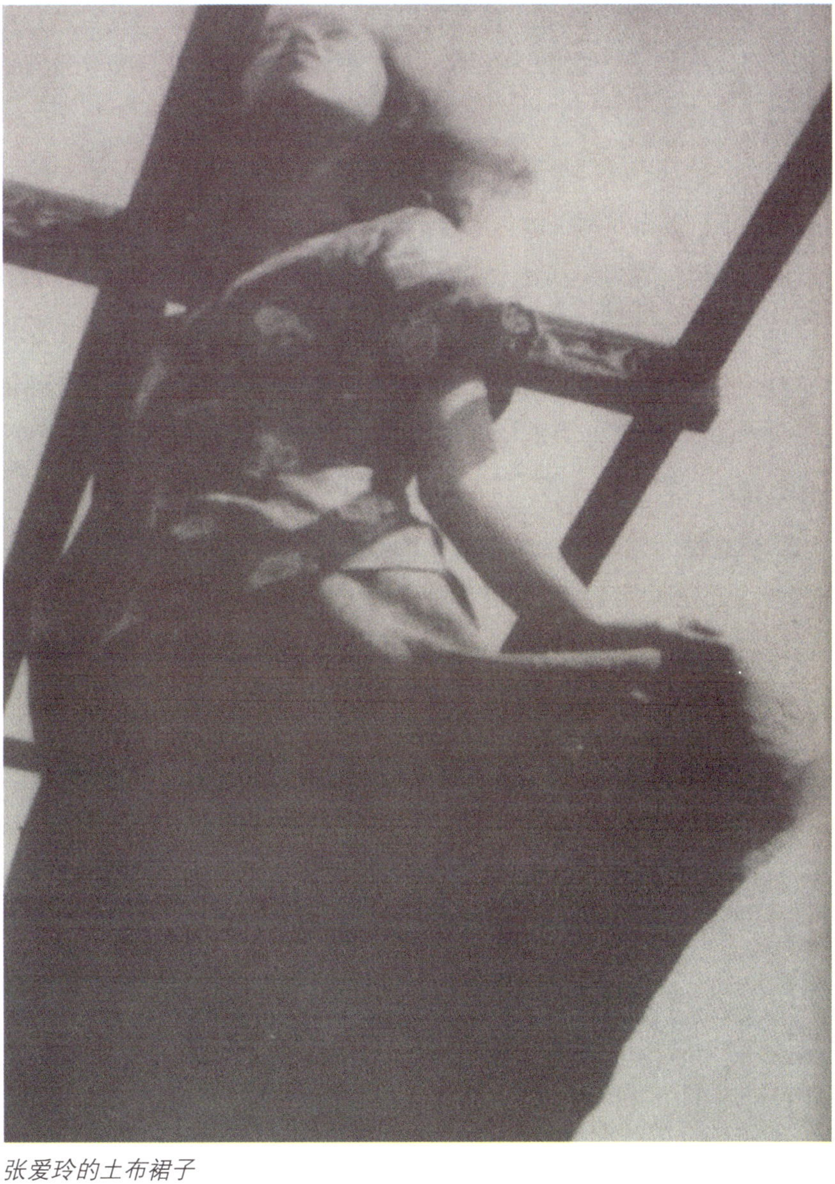

张爱玲的土布裙子

除了穿，香港好似一下子重新发现了“吃”的喜悦。“在战后的香港，街上每隔五步十步便蹲着个衣冠楚楚的洋行职员模样的人，在小风炉上炸一个铁硬的小黄饼……我们立在摊头上吃滚油煎的萝卜饼，尺来远脚底下就躺着穷人的青紫的尸首。”

有一次，她在中环那里遇见一个挑着菜的贫苦的农民，见他正一脸巴结地讪笑对着面前的日本兵，因为语言不通的缘故，他分外努力地作揖，以为就此就能罢免掉羞辱。张爱玲怔住了，脚底下像给钉住了一样，无法挪动脚步。

那日本兵“啪啪”地给了他几个响亮的耳光，那耳光似抽在张爱玲的脸上，心内一阵翻涌，脸上似乎也跟着火辣辣起来。这是一向说自己自私毫无正义感的张爱玲，第一次感到作为“低等”民族的悲哀，被征服的人们，还有什么尊严可言？

后来我去港大的时候，也曾怔怔地望着张爱玲当年读书的地方，但犹记得在黄昏时分的中环，望着灯火辉煌的大楼与人潮涌动的码头，没来由地想起张爱玲见穷人被日本兵扇耳光的一幕，心里一酸，没敢继续想，跟着行人落入暮色里。

这些民族的记忆，文化的烙印，像胎记一样，一生一世也休想去掉，也许这样的事情也让她备感家乡的可贵来。她想要回到那个亲切而熟悉的上海。哪怕，物是人非。

战争是短暂的，然而留给她的印象却是些林林总总的琐事。“现实这样东西是没有系统的，像七八个话匣子同时开唱，各唱各的，打成一片混沌。在那不可解的喧嚣中偶然也有清澄当年，使人心酸眼亮的一刹那，听得出音乐家的调子，立刻又被重重黑暗拥上来，淹没了那点了解。”这是她在回忆港战的散文《烬余录》里所说的话，可见场面的凌乱。

家，有时不是想回就能回得去的，一票难求，从开战开始一直到战争结束，状态没有丝毫好转，人人都想逃离这块被日本人占领的地方，把香港当个弃儿一样丢掉。

在战乱的时代，人类的一切感情都显得那么不可靠，哪怕是对着自己的家国。

她跑去找母亲的那对朋友，他们因为《倾城之恋》而终于下定决心走进婚姻里，常常她要打电话到他们的寓所询问船票的事情，也亲自去过他们在铜锣湾的寓所，可后来渐渐自己先不好意思起来，怕人家觉得沾惹上麻烦。

张爱玲一生都有这种清绝的清醒，无论何时。

按照《小团圆》里的解释，最后弄到船票的方法竟然是她“要挟”港大的一位教授，只因为那老师负责伤病员的口粮，她目睹过他的昏暗，他不得不替她安排了返乡这件事。

终于可以回家了！那一刻，只怕欢呼都无法宣示自己的心情。梦里梦见过姑姑的家吧？正如她所说的一样，姑姑绝对可以依靠，她知道。姑姑，从某种意义上来讲，甚至比母亲还可以依靠。

在返乡的船上，她遇见过意料之外的人，梅兰芳先生，然而最让她惊愕的倒不是梅兰芳，而是《倾城之恋》里那两位精刮的主角，也是她一直追问船票的上海朋友。当他们无意中相逢时，除了尴尬还是尴尬，人人都尽力做到平静，心里都不免翻江倒海。

他们一直告诉张爱玲他们也不清楚什么时候有回上海的船，更弄不到票，可真是现面眼前打嘴。让他们惊讶的是张爱玲一个女学生如何能在沦陷的香港弄到比登天还难的船票，望着张爱玲鼓起的衣物心下了然——兵荒马乱的年代，一个女人家除了出卖身体去依靠个男人，还能怎样？

心下便释然了，隐隐中有幸灾乐祸的不齿。

张爱玲懒得解释任何语言，她一向是宁愿别人误解也不肯多说一句的人，何况对于他们那样的人，实在没有任何必要。

上海，我回来了！

“上海不是个让人看的地方，而是个让人活的世界。对琵琶而言，打从小时候开始，上海就给了她一切的承诺。而且都是她的，因为她拼了命回来，为了它冒着生命危险……上海与她自己的希望混融，分不清楚，不知名的语言轰然的合唱，可是在她总是最无言的感情唱得最嘹亮。”

上海就是她的所有希望，每一次回到上海总有种衣锦还乡的感觉，虽然她并没有什么值得一提的事迹，然而心内总是这样的感觉，因为爱上海。上海也待她不薄，他们是彼此彼此，相互了解、宽容。

“黄包车颠簸着前进……景物越来越熟悉，心里微微有阵不宁，仿佛方才是在天堂，刚刚清醒……我回来了，她道。太阳记得她。”

千辛万苦，终于回来了。似当年季羡林归国时的感受，他说当自己经过深圳罗湖关的时候，眼泪忍不住就要下来，想要亲吻脚下的这片土地。

张爱玲不是爱国情感的激烈，而是思乡情浓。感情浓了，怎样都一样。无论如何，回来就好。

花至荼蘼

成名、恋爱，这些旧戏里大团圆的戏码轰轰烈烈地上演。她被时代推着向前走，晕眩的名与利、晕眩的爱情，一切来得太快，杀她个措手不及。然而令人遗憾的是，这是一出苍凉的悲剧。

第一炉香

就算最好的宝石，也需要琢磨，才会发出光辉来。

——张爱玲

回家了，家还是老样子，姑姑永远是友好而淡淡的，她不会浓烈地表达关爱，因为习惯“君子之交淡如水”。张爱玲在作品中曾经就写过她跟姑姑似朋友关系，朋友自然没有亲人来得热烈，却更投契。

上海也还是老样子，可是看着就满心欢喜，因为它那样真实可爱，到处都是生活的尘世之美。她爱这样的世界。

刚回到上海的那段日子，张爱玲无所事事，因为找不到未来的方向，后来想着总是要拿个文凭才好，这样方不负母亲那么多年的付出，于是跟炎樱一起打算进上海的圣约翰大学。

可是，学费从哪儿来？张爱玲跟弟弟表明了难处，张子静自告奋勇说他帮忙说服父亲。于是，找了个机会，趁着孙用蕃不在场的时候，他跟张志沂说了姐姐的情况。彼时，距离当年张爱玲被毒打以及逃脱张家已经四年了！血脉亲缘的神秘性就在这里，无论当时怎样憎恨，总会不用多言，三言两语就能化解仇恨。张志沂听了只轻声地说了句：“你让她来吧。”

时隔几年，张爱玲重新进了这老宅，父亲也许老了些？因为港战的原因，她已经原谅了他，甚至孙用蕃。在生与死面前，一切的仇恨都显得渺小。没有过多的语言，只十来分钟后张爱玲就离开了这所老宅子，此后余生几十年她再没有回过这个家，也没有见过她的父亲。

父女俩若知道这是他们这一生的最后一面，会不会说话的时候语气温柔一些？眼里多一点儿不舍而不是尴尬？然而，历史全无假设的可能。他们，这一世父女情缘缘尽于此。在这所老房子里，她第一次睁开眼睛打量这个世界，他则第一次体会了初为人父的欣喜。如今，他们的一切恩与怨，也结束在这宅子里。但，老房子记得她。永永远远。

炎樱生意人的本性，让她走到哪里都如鱼得水，她在圣约翰大学混得风生水起。她人缘好，张爱玲正好相反。张爱玲跟弟弟抱怨说圣约翰大学的老师不行，课程也不行，于是想要退学。其实，她真实的心理无非仍关于钱。父亲已经给了学费，不好意思再向他要生活费。而母亲远在国外，姑姑，怎么说也不是自己的父母，不能像找父母伸手要钱那样理所当然、理直气壮。何况，她自香港回来后一直借住在姑姑那里，已经给她添了不少麻烦。曾经，黄逸梵这样说过张茂渊，她就是多条狗都嫌烦，何况是张爱玲这样一个活生生的人？！

她总有一种客人的情绪，挥之不去。

她曾经那样渴望在上海有自己的房子，可惜直到她离开内地也没有实

现这个愿望。她的一生竟然没有一栋属于自己的房子。人的理想与现实之差距往往这样惊人。

为了替姑姑分担点儿开销，她开始尝试写作。之前，在香港的几年里，为了实现比林语堂还要出风头的愿望，她几乎从不用中文写作，除了那篇《我的天才梦》。她一直练习着用英文写作，哪怕是一封短笺也不例外。然而，当她离开了香港回到上海的时候，好似心底里隐藏着的故事一下子就冒了出来。她要为上海人写一段关于香港的传奇，故事不长，点一炉香的机会也就说完了。她为这个故事起了个别致的名字:《沉香屑·第一炉香》，这篇文章发表在“鸳鸯蝴蝶派”鼻祖周瘦鹃主办的杂志《紫罗兰》上。

有些天才的显现是早慧且一鸣惊人式的，有的则用滴水穿石的功夫抽丝剥茧式，大器晚成。人们喜欢第一种，因为太富有传奇性和戏剧性。幸运的是，张爱玲便是这样的人。从前的她蛰伏得毫不惊人，即便是与好友炎樱一起外出，她也没有丝毫过人之处，人们往往关注炎樱多过她。想来

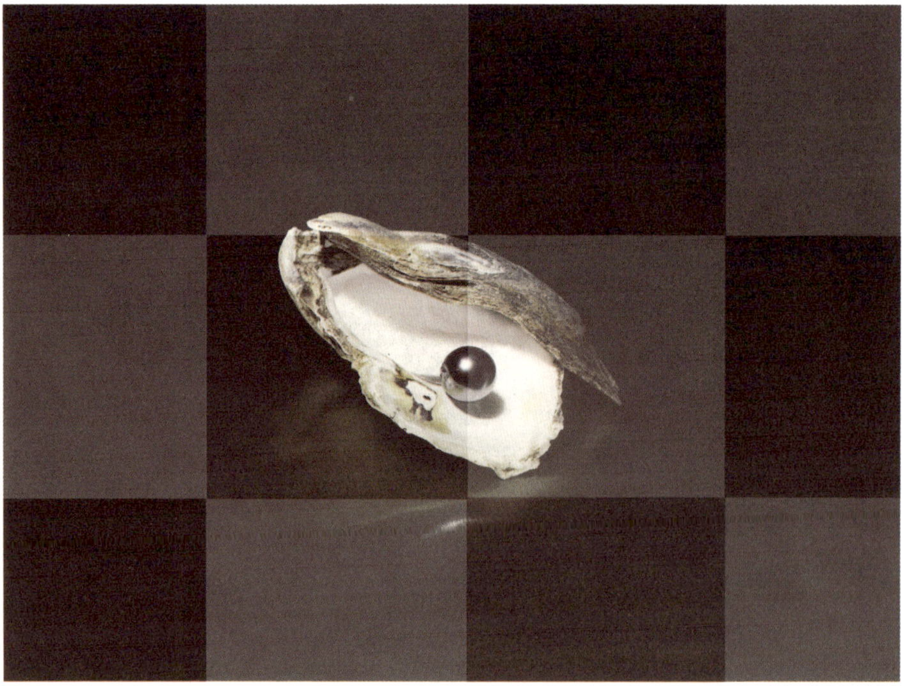

也很正常，天才的乖僻未必是我们寻常人能包容与消化的，反倒是炎樱那充满市井的小聪明小机灵为我们所熟知。

如今，改天换日一般，这“第一炉香”引起了沪上文人的注意，因为这样的字眼实在怪异而新鲜：

“请您寻出家传的霉绿斑斓的铜香炉，点上一炉沉香屑，听我说一支战前香港的故事。您这一炉沉香屑点完了，我的故事也该完了。”

她的文字从这里已经看出了端倪，用新方法讲老故事。她的文章不似老派那么幼稚保守，也不似新派那样“革命”，更不是新文艺腔的做作无聊。她太过独特，仿佛横空出世般，出现在这个日渐沦陷的孤岛上海。

此后，《沉香屑·第二炉香》《金锁记》《倾城之恋》一气呵成，遍地开花，她忽然间尝遍了被人追捧的感觉。她红了，红得发紫，风头早已盖过了从前的目标——林语堂。

一时间，整个上海滩人人都在谈论她，不知道这位笔底生花的作者什么样，许多热爱她的读者不知从哪儿打探到了她的住址，竟然寻了过去，大有今时今日年轻女子追星的架势。然而，她一概不见，因为实在尴尬，不知面对陌生人该说些什么。不仅是陌生人，就连一些她认识的朋友，如果想要见她，必须提前预约。你若到得早了，对不起，吃个闭门羹，因为她还没有准备好见你；你若到得晚了，更对不住，她一张冷脸打开房门告诉你一句“对不起，张爱玲小姐此时不在”，然后便是一声巨响——“砰”的一声，将访客挡在门外。

从前，跟张爱玲交恶的上海滩女作家潘柳黛，曾经这样说过她，也曾讥讽她的贵族身份就好比太平洋死了一只鸡，上海人家却津津乐道自己喝上了鸡汤。

时隔多年，今时今日我倒觉得潘柳黛说她的事情未必是假，她一向就很清高怪僻，兼之文人相轻，女人之间更是有种天然的虚荣心，喜欢比较，个性不相投者如潘柳黛说出这样的话并不奇怪。

生活在这个人世间，每个人都会遇到一些难堪的人与事，有些甚至是你永远不愿意再见的人，不是因为憎恨而是因为厌恶。

至于，张爱玲成名后这样的反应——不见生客，倒不是她拿架子，而是实实在在不知道如何应付那些热忱的读者，这样的心理几十年后她在给宋淇夫妇的信中也说到了。万一来者是一位看得感动的女人怎么办？她若在她那里哭哭啼啼如何是好？她天生地不会安慰人，哪怕是黄逸梵在她面前哭泣，她也只是怔怔地，不发一言。

而说她对于来得早来得晚的客人都不面见的事情，也许是她天性里喜欢别人守时，也许是她在香港接受了几年英式教育留给她的习惯。而对于不守时的人，张爱玲不见这样的客人，无可厚非。自然，她若能打开门一张脸笑眯眯地将客人迎进去，还能热情地招待一番，那当然是最好不过的了。

只可惜，那样的人不会是张爱玲，只会是寻常的我们。

但，她并非拒绝所有的陌生人，对一个男人便是例外。这个人就是胡兰成。在她过去二十三年的人生里，感情世界一片空白，好似一直在等待着这样一个人出现。

她曾说自己从未谈过恋爱，所写的文章却几乎篇篇都讲爱情，给人知道了不好。

如今，她命中注定的那个人正循着她的芳香走过来。当时的胡兰成还在南京休养，一日他坐在庭院里翻看苏青寄给他的杂志，随手一翻便是张爱玲的一个小短篇《封锁》。

“开电车的人开电车。在大太阳底下，电车轨道像两条光莹莹的、水里钻出来的曲蟮，抽长了，又缩短了；抽长了，又缩短了，就这么样往前移——柔滑的，老长老长的曲蟮，没有完，没有完……开电车的人眼睛盯住了这两条蠕蠕的车轨，然而他不发疯。”

这是《封锁》开篇的一句话，也正是这样一段话让原本漫不经心的胡兰成心内一惊，坐直了身子又惊又喜地往下看，一个巨大的问号盘旋在他的脑子里：张爱玲到底是谁?

他若知道张爱玲也在等待着他这样一个男人，内心必定欣喜万分吧。眼下，浓烈的兴趣积攒了太多的好感，他是每篇张爱玲的作品都看，每篇都赞好，只要是张爱玲的东西便是好的。胡兰成就是这样一个人。

这个爱情故事的开端实在没有太多令人惊异的地方，无非是出于文人之间的相互吸引，进而引发好奇罢了。然而，我们还是被它吸引，因为实在华美而苍凉。

如果说她的人生是一本精彩绝伦的小说，那么他则是这本书里一直按捺着性子直到高潮时候才出现的人物，人人都想争睹这段万分之一的华美，他却浅尝辄止，甩甩衣袖，走了。留下一个黯然神伤的故事，等着她收尾。

原来你也在这里

于千万人之中遇见你所遇见的人，于千万年之中，时间的无涯的荒野里，没有早一步，也没有晚一步，刚巧赶上了，那也没有别的话可说，唯有轻轻地问一句："噢，你也在这里吗？"

——张爱玲

人世浩渺，能在萍水相逢的故事里生出几许妩媚的香气就是缘分，便算没有辜负一片好春光。

胡兰成自从读了《封锁》后，心内便存了一个愿望，必得亲自登门拜访。他从苏青处得到了张爱玲的住址——关于这一点，我一直有个想法，胡兰成既然与苏青熟识——因为胡兰成遭遇牢狱之灾的时候，苏青曾邀请张爱玲一起到南京去营救他。张爱玲对此却一反常态，答应她跟着去南京，为了营救一个完全陌生的男人。她们摸不着门路，居然跑到周佛海的家里，事后才得知周佛海跟胡兰成压根不对路。

但女人就是这点儿幼稚的莽撞让男人心动。我总怀疑张爱玲通过苏青对胡兰成一定有所耳闻，大约也是看过他的文章，心里多少有点儿欣赏的意味。

而胡兰成既然从苏青那里要到了张爱玲的地址——当时的苏青不仅自己写文章，同时还是一个俊俏的离了婚的女编辑。她跟胡兰成的关系应当不会止于普通朋友的关系，即便是好友，应当也是有暧昧关系的朋友，因为胡兰成是那样一个男人，只能允许自己不下手去捕猎，绝不能允许对自己没兴趣的猎物出现在势力范围内——一般来说，只要他有兴趣，女人总会乖乖地自动缴械投降。《小团圆》里写到他去一个日本人家里避难，五日内竟然与日本主妇发生了关系！

在这一点上，基于对胡兰成个性的认知，我是不惮以这样的“恶意”揣测他们的关系的。否则，哪有这样仗义的女人？没有一丝一毫的好感，就能舍身跑魔窟一趟？难。

想必，张爱玲对他也是心存好感在先，然后才答应苏青去营救他。在这一点上，实在是两个喜欢他的女人的卖力表演。

胡兰成在对女性的嗅觉方面有着异常的敏感，他必定是得知了她曾经去营救过他——苏青怎能不告诉他呢？放着展现自己的英勇与果敢而不说？这不像苏青的为人。

因而，当他站在静安区常德路上的爱丁顿公寓六楼零五室张爱玲的门前，他一定是志得意满的，他像一个高明的猎人一样，等待着猎物的乖乖投降。

他，这样一个情场老手，与从未恋爱过的女作家周旋，胜负高下立判。

然而，头一遭他却吃了个闭门羹，张爱玲并没有他想象得那样轻易就

范。她不见生客，这样的规矩他从苏青那里知道了，但人总是这样的犯贱，不自己亲身试验过是不大愿意相信的。

见她执意如此，他只好留下一张纸条，纸条上留下了自己的联系电话，这才是重点，他在等着她的主动靠近。有人说爱情犹如高手对弈，谁先动心满盘皆输。

他自信满满地回到了自己的家——美丽园。此时的胡兰成已经阅人无数，早已不是那个当年从浙江嵊县胡村走出来的穷小子，他已经见过了大世界，知晓了女人的千种风情万种妩媚，对如何吸引不同女性的技巧了解得通透。

这一次他面对的不是普通的对手，对方是名满天下的女作家，他即将准备展现的则是作为文人的博学与智慧，对此，他应当也是自信的。

他安静地守株待兔。果然，张爱玲第二日便沉不住气打了电话过来，并且声称自己要登门拜访！这些反常情形，足以说明张爱玲对他不是一无所知。她那样惧怕见陌生人，只因为害怕无话可讲，如今却为了这个男人要登门拜访。

之前，她为了答谢周瘦鹃先生也没有说登门拜访，而是邀请他来姑姑的家中。

胡兰成接到电话先是有些诧异，然而这诧异只是一时的，因为他预料到这样的进程，只是比他想象的稍微快了些罢了。

像一个想象了太久的地方，等到我们有一日亲临其境的时候，总觉得熟悉里又有许多不知所措的陌生。人，也是如此。胡兰成在《张爱玲记》里这样写道初见她的情景："我一见张爱玲的人，只觉得与我所想的全不对。她进来客厅里，似乎她的人太大，坐在那里，又幼稚又可怜相，待说她是个女学生，又连女学生的成熟亦没有。我甚至怕她生活贫寒，心里想战时文化人原来苦，但她又不能使我当她是个作家。"

单单从这几句话里，胡兰成的心思一览无余。张爱玲的身形外貌大约不是他所喜好的，他中意的女人是小巧玲珑而娇俏机灵的，至于个性上则又要体贴宽容而保守的，像他的发妻玉凤。

一个人对异性的审美一旦形成，日后很难改变，看胡兰成一路走来所爱过的女人，统统都是样貌清秀的小女人。张爱玲是个例外，每个人生命里都会有个例外。不按常理出牌，往往遇见这样的命中注定，像经过几世的劫难一样，在劫难逃。

张爱玲对他来讲太过高大，在心理上他没有了怜惜的成分，也少了点儿从前的心理优势，自信会随之减少。这也是人之常情，无论胡兰成怎样说他跟张爱玲是天上人间，神仙眷侣，但终归是普通人的恋爱，寻常男女的婚恋故事，再传奇也要有世俗的底色。看他写这段故事远不及张爱玲来得实在，就是因为他太想要传奇性戏剧性，而张爱玲在为文方面似乎比他更为开阔大气，因而才敢那样不经雕饰地写作。

张爱玲在他面前像个女学生一样拘谨，她见到陌生人总会如此，何况还是个自己有些好感的男人。女人，在遇到自己心仪的男人时，总是过分地紧张，因为紧张导致一系列的错漏失误，事后往往后悔不迭。

胡兰成说她比个女学生的成熟都不到，这句话倒是看出胡兰成多么成熟，毕竟是官场里打滚过的男人，又比她大上个十几岁，自然觉得这个二十二三岁的女作家像个小姑娘般稚嫩。至于担心她生活清贫——一个男人不会无缘无故地友好到担心一个刚认识的女人的生活，除非他对她抱有好感。

事实证明也确乎如此。

“张爱玲的顶天立地，世界都要起六种震动，是我的客厅今天变得不合适了……她的亦不是生命力强，亦不是魅惑力，但我觉得面前都是她的人。我连不以为她是美的，竟是并不喜欢她，还只怕伤害她。”

这种四壁里都是张爱玲的人，可见她气场的强大，连胡兰成这个见惯大场面的男人都要觉得“自惭形秽”，很有种《论语》里说“仰之弥高，钻之弥坚，瞻之在前，忽焉在后”的意思。她太高深、太强大，以至于他觉得满屋子里都是她的人。

“美是个观念，必定如何如何……张爱玲却把我的这些全打翻了。我常时以为很懂得了什么叫惊艳，遇到真事，却艳亦不是那艳法，惊亦不是那惊法。”

张爱玲革新了他的审美观——其实，他的审美一直没变过，只是遇见一个精神上能与自己相通的女人罢了，自然是要颠覆他以往的女性经验。

胡兰成这个人曾经接连很多年在广西、湖南做老师，甚至也在燕京大学给副校长抄写文书，一张嘴能说破天，突然面对这样一个奇特的张爱玲，他竟然要跟她斗起来，滔滔不绝地讲——张爱玲也写过他的演讲十分有感染力，何况单对单地演说，不消说张爱玲这个没有任何异性经验的女人，一定被他的各种时髦说法或渊博的知识给镇住了。

胡兰成的相貌与张志沂，以及张爱玲一生最为尊敬的偶像胡适先生，都是郊寒岛瘦的一路，面容清秀，身形消瘦，一派江南文士的风雅。张爱玲对异性的审美始终是这一路的，她曾说张茂渊与奶奶李菊耦喜欢李国杰

父子，也全是这样漂亮清秀的长相。

也许，对异性的审美也是遗传的。

胡兰成面对一个毫无爱情经验的女作家，这个感觉实在太过刺激——眼前的这个女人最擅长写爱情，可是她自己都没有恋爱过。她出身高贵，却像个女学生一样稚嫩。他的男子的英雄主义劲头上来了，竟然要跟张爱玲斗——他们品评当时的文章，甚至讲到了张爱玲文章好在哪里。

有些人就是这样，才见面却像见过许久的老朋友重逢一般，人与人之间就是有这样奇特的磁场。一如《红楼梦》中宝玉初见黛玉时所说的一样：这个妹妹我是见过的。

他还问到了她的稿酬收入，放在别人身上，张爱玲一定反感得要命，可偏偏眼前这男人她不厌烦，居然老老实实告诉了他。完全不似第一次见面的人，因为实在投契。

张爱玲端然坐着，只顾着听他的高论，时间似流水，静悄悄地流过了刚开始的尴尬与陌生，越来越亲密。

“在客厅里一坐五小时，她也一般的糊涂可笑。我的惊艳是还在懂得她之前。所以她喜欢，因为我这真是无条件……”初次见面的男女就有这样的话说，一连五小时，真是桐花万里路，连朝语不息。

意犹未尽，他送她出去，两个人走在华灯初上的路上。他竟然说：“你的身材这样高，这怎么可以？”张爱玲听罢几乎要起了反感，然而终于还是没有。这是将她当作自己的情侣来考量，否则一个男人何必去关心另一个女人的身高？

也许，就是他这样一句话给了她无限的遐想，让她日后加速沦陷进他精心布置的网里。

一切竟然是不可选择的，命里注定，像张爱玲写胡兰成的庶母一样：“于千万人之中遇见你所遇见的人，于千万年之中，时间的无涯的荒野里，没有早一步，也没有晚一步，刚巧赶上了，那也没有别的话可说，唯有轻轻地问一句：‘噢，你也在这里吗？’”

因为懂得，所以慈悲

见了他，她变得很低很低，低到尘埃里，但她心里是欢喜的，从尘埃里开出花来。

——张爱玲

我一直觉得从前的人比我们要懂得浪漫，即便是谈起恋爱来也是这样的别致，全是风情。我们被房子、车子给压垮了，再不敢轻易冒险，就连一趟小小的远足也要掂量再三，生怕这个，生怕那个，说到底就是怕失去。

可，我们手中所握着的东西真的那么可靠吗？世间万物，临了，总有撒手的一日。好在，从前的人谈起恋爱要从容得多，就连定情信物也显得与众不同。

古人，可能是从一首诗、一阕词开始，也可能从一张画开始，张爱玲与胡兰成虽不是什么太远古的人，然而他们的开头总是温情脉脉的。我以为他们的爱情也许始于张爱玲的一张小像。

就在张爱玲拜访过他的第二天，胡兰成就迫不及待地回访她。“她房里竟是华贵到使我不安，那陈设与家具原简单，亦不见得很值钱，但竟是无价的，一种现代的新鲜明亮几乎是带刺激性。阳台外是全上海在天际云影日色里。底下电车当当地来去。张爱玲今天穿宝蓝绸袄裤，带了嫩黄边框的眼镜，越显得脸儿像月亮。三国时东吴最繁华的，刘备到孙夫人房里竟然胆怯，张爱玲房里亦像这样的有兵气。”

一个见惯了大场面的年近四十岁的男人，居然在这里——张爱玲的闺

房里起了胆怯的心思。胡兰成这段话我向来是按照两个意思来理解的，一个自然是张爱玲的贵气逼人，连带着她的房间也使人望而生畏；另一个则是这个来自浙江嵊县胡村的男人，无论经过多少的世事，那种根底里的小户人家的自卑感也会在遇到张爱玲这样的世家女时喷涌而出。

不论他如今如何身居高位，从前贫困的经历就像旧年的冻疮，溃烂早已愈合，那酱紫色的难堪却还在，如影随形，一辈子跟着你。

何况，他过去的窘迫又非张爱玲式的落魄——一个是从未富过，一个是阔气过然后日薄西山了，自然看透人世间物质的虚妄，尽管也会爱钱，但就像万花丛中过，不会乱花渐欲迷人眼。

胡兰成不同，他是从未真正大富大贵过的男人，又有着不同寻常的野心，因而骨子里一直有种世俗到底的基因，在见着张爱玲这样的“有兵气”的房间陈设时，立刻矮了几分，不再觉得她是昨天那个可怜相的女学生，更不会觉得她贫寒，哪怕她真的贫寒，他也会觉得贵气。衰落的贵族，总给人夕阳无限好的错觉，因为有种参透人生的苍凉在里面。故事太多了，何况还是普通人够不着的故事？

因而，他几乎是一瞬间就被她征服了，原本他像个精明的猎人，她是一只不会奔跑的猎物，如今全乱了。她不费一兵一卒，他已经缴械投降。

“我向来与人也不比，也不斗，如今却见了张爱玲要比斗起来。但我使尽武器，还不及她的只是素手。”

这是胡兰成的大实话。我总觉得使他爱上张爱玲的第一印象，除了她是个才华横溢的女作家外，还有她身上流淌着的贵族血液。胡兰成是小康人家的儿子，或者说连小康也算不上的人家，他多年混迹社会，早已了解了社会上一套“潜规则”，他太需要像张爱玲这样一张拿得出手的王牌。

论家世，论才华，她样样都好，这些他爱过的女人们无一能够与之比肩，别说比肩了，只能是黯然失色。

胡兰成在另一篇名为《两地》的散文里，写了一大段这样扬扬得意的话：

“我即欢喜爱玲生在众人面前。对于有一等乡下人与城市文化人，我只可说爱玲的英文好得了不得，西洋文学的书她读书得来像剖瓜切菜一般，他们就惊服。又有一等官宦人家的太太小姐，她们看人看出身，我就与她们说爱玲的家世高华，母亲与姑母都西洋留学，她九岁即学钢琴，她们听了当即吃瘪。爱玲有张照片，珠光宝气，胜过任何淑女，爱玲自己很不喜欢，我却拿给一位当军长的朋友看，叫他也羡慕。爱玲的高处与简单，无法与他们说得明白，但是这样俗气的赞扬我亦引为得意。”

这绝对是胡兰成的心里话，因为太过真实。他懂得察言观色，他根据不同的人群，知道他们各自在意的点在哪儿，然后拿出张爱玲的一面就足以令别人汗颜。张爱玲在他这面像个万花筒，他则像个魔术师，需要什么就变出什么。

然而，胡兰成之所以会变得这样功利而富有虚荣心，全赖他从前不幸的经历。因而，我每每读到这些总是体谅，想必张爱玲那样智慧的女人也是如此，我们都是一群不彻底的人，不是彻底的好——圣人，也不是彻底的坏。她不是不清楚他的弱点，只是爱一个人没有那么富有目的性。因为她说过但凡有目的性的爱情就不能称为爱情。

人生最怕的往往是你认清了某个人的好处与坏处，还是飞蛾扑火一样奋不顾身地爱上他。女人，常常如此。张爱玲也不例外。

胡兰成曾经在胡村的家里，通过相亲认识了他的发妻玉凤，玉凤是那种传统的女性，有着朴素的美，跟他一起生儿育女，后来得了重病没钱医治，终于死了。她死的时候，他不在身边，而是四下借钱，准备为她的后事用钱。

他找到了从前一位老朋友……

“我从小承他看得起，我才向他开口借六十元治丧，焉知他简单一句话回绝，说没有。但他且是殷勤留坐，我也且歇一歇脚，只默然喝茶。

“这时外面又来了二人，也是问成奎借钱的，借票写五百元，利息长年一分半，当场现款点交。我一气，站起身要走，成奎又务必留我吃了午饭，我想想还要走路，空肚子是不行的，吃饭就吃饭，饭罢出来，我关照了四哥一声，就急急趱行折回俞傅村，一路上怒气，不觉失声叫了出来‘杀！’”

玉凤无力回天，终于恋恋不舍地去了。他带着这样的心情回到了家，抱着发妻还没有僵硬的身体号啕大哭。

“此后二十年来，我唯有时看社会新闻，或电影并不为那故事或剧情，却单是无端的感触，偶然也会潸然泪下。乃至写我自己的或他人的往事，眼泪滴在稿纸上的事，亦是有的。但对于怎样天崩地裂的灾难，与人世的割恩断爱，要我流一滴泪总也不能了。我是幼年的啼哭都已还给了母亲，成年后的号泣都已还给玉凤，此心已回到了天地不仁。”

尝过太多的人情冷暖，才会格外地想要荣华富贵，因为被人狠狠地踩踏过。这样的事情在《今生今世》里很常见，也是他写得最为真挚的地方，因为实在用了感情，倒是比他写张爱玲要来得精彩。

玉凤是他的命，他曾说他们合二为一，是一体的命。因而当他遇见张爱玲的时候，只是枯木逢春般，动了心，要说有多爱，一开始是谈不上的，起码没有张爱玲爱他来得坦荡热烈。

正因为他有着不堪回首的过去，所以他格外需要张爱玲的爱，何况她还是个不谙世事的女人。

这番见面又是大谈特谈文艺，两个人能够于茫茫天地间携手不是没有因由可寻的，他们在话题与兴趣上总是相近的。

也是在这一次见面后，胡兰成终于下定了决心要追求张爱玲。他回去后就给她写了封信，照他自己的话说写得很有点儿幼稚可笑的五四运动时代的新诗，后来自己想着都有点儿难为情。然而，张爱玲并没有如何取笑他，不似她惯有的刻薄与冷僻。胡兰成像得了奖赏，只好称她是谦虚。张爱玲回了信只道是“因为懂得，所以慈悲”。

此后胡兰成似得了鼓励，隔天就去张爱玲的寓所看她。某一日，张爱玲有点儿没头没脑地来了一句：“你以后不必再来了。”根据胡兰成的文字记载，他只交代说自己并不觉得有什么冲撞，于是还是照旧去找她。她见了他还是一样的高兴，他索性每天都去了。

这不过是胡兰成狡猾的谎言罢了，他那样阅人无数的人，怎会不知道无缘无故发脾气正是一个女人爱上你的信号？事实是，张茂渊在胡兰成第一次去见张爱玲时，她就说了这样的话：“太太也在这边吗？”无非是要暗示给自己的侄女听，怕她到底年轻，上了人家的当。

然而，张爱玲那时还没有意识到事态的发展根本不是她所能控制的。

张茂渊眼见着两人打得火热，且越坐越久，她意识到问题的严重性，何况她对于胡兰成“汪伪”政府高官的身份一定有所耳闻，故而她不得不

提醒张爱玲少跟胡兰成来往。

张爱玲毕竟是个动了情的女人，不管她怎样的才华惊人，爱情里的女人智慧令人担忧。

胡兰成见她并没有不喜欢他去见她的意思，进而大着胆子向她要了张照片，张爱玲便将她一张题了字的照片送给他：

见了他，她变得很低很低，低到尘埃里，但她心里是欢喜的，从尘埃里开出花来。

从来人们只见到张爱玲的尖锐与刻薄，就算是炎樱也没有见过她这样谦卑而诚挚的一刻。这句简单的话被那么多人说起过，只因为美得离谱，三言两语道尽爱上一个人的卑微与欢喜。

但张爱玲的谦卑也不是自降格调，而是一种自谦的说法罢了。她那样孤傲的人，不过遇到了个倾心相爱的人罢了，哪里就一下子变了个人呢？

岁月静好，现世安稳

她从来不悲天悯人，不同情谁，慈悲布施她全无，她的世界里是没有一个夸张的，亦没有一个委屈的。

——胡兰成

中国人讲“泪眼问花花不语”，景随人语。伤心的时候看什么都是灰色，就连一朵花的露珠也成了啜泣的泪水。反之，人逢喜事精神爽。问世间最令人感到喜悦的事情，也许不是金榜题名也不是获人青眼，而是张爱玲所说的那样，最幸福的事莫过于你喜欢的人，他刚好也喜欢你。

情不知所起，一往而情深。只有爱情才能给予我们长久的喜乐。

一个人，无论怎样的个性，一旦爱上另一个人，心情便会变得晴空万里，见什么人都想笑，看什么景都是美。胡兰成这样成熟的男人也如此。他在《今生今世》里说到自己有一晚从张爱玲处出来，到了别人家看人打牌，只觉得坐立不安，倒不是因为紧张而是过于兴奋，变得想要啸歌，想要说话，甚至疑心那电灯儿也要笑话他。

胡兰成因为工作的缘故，时常往返于南京和上海之间。到了上海也不回家，总是先到张爱玲处，说一句：“我回来了。”这句话稀松平常，然而，人世里最令人感到温暖的往往是这样平淡无奇的话语，所以民谣音乐人宋冬野在《安和桥》里也套用了这样一句话：“你回来啦。”

那是亲人的问候，是无间的话语。“晨出夜归只看张爱玲，两人伴在房里，男的废了耕，女的废了织，连同道出去游玩都不想，亦且没有功夫。”

热恋中的男女向来如此。

说不完的话——能这样说话的时候暂且毫无顾忌地说吧，总有一天会无言以对的。“我们两人在一起时，只是说话说不完。在爱玲面前，我想说些什么都像生手拉胡琴，辛苦吃力，仍道不着正字眼，丝竹之音亦变为金石之声，自己着实懊恼烦乱，每每说了又改，改了又悔。”

他仍是喜欢跟张爱玲斗法，不服输。实在不是因为他喜欢斗，胡兰成的个性应该就像他自己所言的一样，甚少与人发生斗争，因为他不过是个书生意气的男人罢了。但他在张爱玲面前每每如此，因为她太过优秀，而他与张爱玲相比，唯一的长处只能是知识了，因而不肯罢休，好像为了证明自己确实优秀，张爱玲没有爱错人一样。

但他又说张爱玲是个心狠手辣且十分自私的人，虽然他附带着解释了这样一句：“她的自私是一个人在佳节良辰上了大场面，自己的存在分外分明。她的心狠手辣是因她一点委屈受不得。”张爱玲晚年也说她宠爱自己就像一个溺爱孩子的家长。

其实，胡兰成口中的“自私”不过是“自恋”罢了，而“心狠手辣”这样的词语又未免太触目惊心——每每看到这样的地方，总使我疑心胡兰成是否真心爱过张爱玲，或者毕竟爱得没有那么深，才会有后面接二连三的伤害。

“她从来不悲天悯人，不同情谁，慈悲布施她全无，她的世界里是没有一个夸张的，亦没有一个委屈的。”这句话倒是十分中肯，只是说张爱玲没有悲天悯人的情怀，实在令人难以信服。她的悲悯一向是天与地之间的大情怀，从来不需要一点细节的温情来衬托自己的高尚。张爱玲还有过这样的话：“一般多数人我都同情。又说即便是十分讨厌的人，你若细细想了发现原不过是个可怜人罢了。”

——可胡兰成却说她没有悲悯，怪不得晚年的她给夏志清先生信中说胡兰成也没老到那样，怎么什么事都说得对不上路。

张爱玲带给他种种新鲜与不习惯。他自己声称有权有势从不使他畏惧，但是学术权威会让他胆怯，倒是让人信服的实话。从来寒门学子的特点便是喜欢挑战权势，以此来宣示自己的清高，但做学问的人则往往不能有如此勇气。

张爱玲不需要像他这样谨小慎微，他说《红楼梦》《西游记》比托尔斯泰的《战争与和平》和歌德的《浮士德》要好，张爱玲只轻描淡写地说句那自然是这样。

说到底，还是她自信，因为家族的环境给了她眼界与这样的从容，就像她那句警世恒言一般的名言——生命是一袭华美的袍，上面爬满了虱子。没有她衰败的大家族，压根写不出这样一半是繁华一半是疮痍的苍凉。

“我自己以为能平视王侯，但仍有太多的感激，爱玲则一次亦没有这样，即使对方是日神，她亦能在小地方把他看得清清楚楚。”还是不自信，到底胡兰成这样的高官是一路辛苦钻营投机得来的，自然也少不了他自身的才学，但不是王侯人家的后人，所以只是心理上以为能够与人比肩，临了还是矮了一截。张爱玲不存在这样的顾虑，她知晓王侯背后的千疮百孔，所以从不惊异，就像她日后写到胡适的时候，只觉得偶像都有“黏土脚”——不沾着地的偶像太过假、大、空，张爱玲反感这样的人。

但胡兰成也带给张爱玲无限的想象，她一系列重要作品都发表于两人相恋的这段时间里。爱情是最好的灵感，是幸福的催生剂。

张爱玲天生缺乏安全感，小时候母亲来来去去让她一直当自己是个小客人，而父亲的狎妓与鸦片，继母的刻薄，统统让她没有安全感。她与胡兰成在一起的时候，总还疑心是幻影，常常会不自觉地问一句："这是真的吗？"在自传体小说里甚至写到两人亲吻时她还忍不住问："这是真的吗？"

因而胡兰成在《今生今世》里也写到类似的事情，张爱玲每次这样问还必须让他回答，往往弄得他很僵。其实，这也是恋爱中女人的寻常话语，男人认真不得，一旦较真又没意思了。可是男人若一点儿也不重视，又会换来女人更为严重的伤心。女人，就是这点难以伺候。

"你爱我吗？有多爱我？"这样的话几乎每个女人都曾问过她们爱过的男人，与张爱玲所谓的"你的人是真的么"约略一个意思，无非是想听到男人肯定的答复罢了。女人都是用耳朵谈恋爱的，耳朵听了甜蜜的话，心里也蜜似的。

胡兰成应该说是个聪明人，因为张爱玲自己只喜欢聪明人。上海人的所谓聪明就是精明，精刮透明，脑子一定要灵活；死板的人，像儒家所谓的"大智若愚"不是上海人概念里的聪明。

他说话的时候，她就孜孜地望着他，然后不胜喜悦地说："你怎这样聪明，上海话是敲敲头顶，脚底板亦会响。"情人眼里出西施，那时的她是那么爱他。

恋爱就是夸张一个异性与一切异性的区别，果真如此。

两个人在一起久了自然会想到谈婚论嫁的事情，然而胡兰成说张爱玲对此没有什么想法——这不过是她清醒而已，哪有不希望安稳生活的女人？男人能给一个女人最好的安稳，也许就是温馨的婚姻生活。

她是知道他有妻有子的，并且胡兰成此间还照样去狎妓，他声称张爱玲毫无意见。也许张爱玲从小就听惯了这样的事情，像她的父亲那一辈男人，哪有不狎妓的？然而，说到爱情的排他性，注定了她心里会难过，只是狎妓总比出现第三者来得要好，因为完全是一次性交易，动身不动心。

他的朋友总是想见张爱玲，大概是因为都清楚大作家的社会影响力。但张爱玲一个也不见，除了一位日本人池田，后来张爱玲曾为日本文化着迷过一阵，大约也是这个时期受了影响。

胡兰成 38 岁那一年终于离了婚。他在《今生今世》里用了这样一句出人意料的话——英娣竟与我离异，说得好似他一点儿责任没有的样子。难道眼见着自己的婚姻名存实亡还要这样抱残守缺吗？也许很多女人会如此，但这个叫英娣的女人没有这样，尽管她也曾哭哭啼啼过。从来只有新人笑，哪闻旧人哭？爱情，向来如此。

他与英娣离婚那日去了张爱玲处，满心不舍，满以为张爱玲会安慰或愧疚，至少应当表示点儿不好意思吧？怎知张爱玲根本不同情他，他心内郁郁。我常觉得胡兰成这样的男人是滥情多于多情，他对每个女人都好，不忍伤害她们，最终却没有一个女人不被他伤害！

他才华横溢、温和细腻，却又软弱，甚至功利。我总以为他与历史上著名的大才子元稹相似。元稹悼念亡妻的诗作"取次花丛懒回顾，半缘修道半缘君"以及"曾经沧海难为水，除却巫山不是云"多深情动人，与胡兰成写玉凤颇有几分相似。然而，这并不妨碍他们接二连三地爱上别的女人，甚至同时爱几个女人。

胡兰成说张爱玲自私，其实他自己才是真正的情感自私，因为他爱天爱地爱女人，远不及爱他自己。

也是在他38岁这一年，年方24岁的张爱玲与他成婚了，没有任何仪式，当时的“汪伪”政府已经岌岌可危，害怕举行仪式会为日后的张爱玲招致灾祸。在这一点上，胡兰成总算像个男人作为。

婚书是炎樱做证，张爱玲写“胡兰成张爱玲签订终身，结为夫妇”，胡兰成则写“愿使岁月静好，现世安稳”，当时的他已经隐隐感到时局的动荡，因而才希望一切雨过天晴，风平浪静便是最好的婚姻礼物。

可惜，该来的总会来，亏欠的总要偿还。

命运常常喜欢急转弯，在最得意处让人掉下来，也许是为了更痛让人铭记，然而人类是最擅长遗忘的。

老天爷打错了主意。

《流言》

与半个人类为敌

原来道德学问文章亦可以是伪的。真的好文章，必是他的人比他的文章要好，而若他的人不及他的文章，那文章虽看似很好，其实并不曾直见性命，何尝是真的格物致知。

——胡兰成

20 世纪 40 年代的旧上海，虽一度成为纸醉金迷的孤岛，但终究还是免不了被时代的大潮包裹着，那时的中国整个山河浩荡，好不壮烈！

胡兰成常常在上海与南京两地奔波，两处都是活火山，看着平静，不知什么时候就喷发。

“南京就是这点伟大，好像没有古今。我便爱在南京的城墙上走，也不知上去的地方是什么城门，唯见那墙又高又大，在上面只顾迤逦走去，看城外落日长江，城内炊烟暮霭，走了半日到底也走不完。也只有我会做这样的傻事，就只为了山河浩荡。”

此时的南京已经不是当时暮色里悠闲地晃悠着的南京了。

婚后，胡兰成动身去武汉，接收那边的《大楚报》。在武汉，他还带去了周作人的所谓四大弟子之一，沈启无。张爱玲则留守在上海。从前，胡兰成写到周作人的时候是仰望的，可是轮到沈启无则没了那份崇拜。一来因为沈启无是他带到武汉的，二来则是因为一个名叫周训德的年轻护士。

相信两个人刚开始的时候还是“臭味相投”的，只是后来胡兰成竟然说沈启无“秽亵下流”，可见两人有多么互相不待见了。

“原来道德学问文章亦可以是伪的。真的好文章，必是他的人比他的文章要好，而若他的人不及他的文章，那文章虽看似很好，其实并不曾直见性命，何尝是真的格物致知。”这段胡兰成评价他的文字，莫名其妙觉得有时跟胡兰成本人也相符合。

“那周小姐，女伴都叫她小周，我不觉她有怎样美貌，却是见了她，当即浮花浪蕊都尽，且护士小姐们都是脂粉不施的，小周穿的一件蓝布旗袍，我只是对众人都有敬。”

年轻的女孩子不需要美貌，只青春就够了，若能再生得秀气一点儿，最令胡兰成这样的中年文人喜欢。哪里是因为小周好，只怕若换成小李小王也一样。胡兰成赞她洗衣服都比别人干净，烧菜端过来也是端端正正。他是在这个当时仅十七岁的女孩身上寻找到一种父兄的感觉，且他以为自己一肚子才华无处施展，在涉世未深的小周面前正好有用武之地，何况还能扮演一个拯救少女的大人物。

由来有一定成绩的男人都乐意如此，好似他若不教那女子学唐诗做文章又或者不出钱资助她学习，真辜负了他的万丈雄心。张爱玲后来在文章中还讽刺过那些所谓军阀的姨太太们，一个个皆如此，靠着年轻貌美，男人们送她们出国，美其名曰留洋。哪里留什么洋？不过是出去开开眼界罢了。

小周长得清秀而水灵，胡兰成说“她的人就像江边新湿的沙滩，踏一脚都印得出水来”。一个男人对女人的爱情，多半是从这水灵的外貌开始的吧？

就在胡兰成与周训德黏黏糊糊的时候，张爱玲还独自一人留在上海守着他，经常与他鸿雁传书。胡兰成与张爱玲结婚之前不曾提及“婚姻”二字，如今为了小周，他倒是跟她说：“训德，日后你嫁给我。”真真当张爱玲是个不存在的女人，简直是空气，他伤害人而不自知，或者说明知故犯，还不知悔改。在这种男女情事上，胡兰成的满嘴扯谎也算是登峰造极了。

他还自己辩称爱玲也不吃醋。世上哪有不懂得吃醋的女人？除非她不爱他。事实上，张爱玲对他的爱恐怕要比他的爱来得忠诚而深厚多了。张爱玲在文章中曾不止一次地说过嫉妒心人皆有之，又在《借银灯》里用略带讥讽的口吻说旧时的所谓妇德，所谓为妻之道，不过是：怎样在一个多妻主义的丈夫之前，愉快地遵行一夫一妻主义。

不仅如此，她还尖锐地提出这样的问题：丈夫在外面有越轨的行动，他的妻是否有权利学他的榜样？

但纵观胡兰成的书稿，他却不止一次说爱玲从来不吃醋——并非爱玲不介意，而是她是那样一个人，表现出嫉妒心来，胡兰成又不会改变，没有实际效果的事情，说了不如沉默。

“我与爱玲说起小周，却说得不得要领。一夫一妇原是人伦之正，但亦每有好花开在墙外，我不曾想到要避嫌，爱玲这样小气，亦糊涂得不知道妒忌。”

他倒是将自己的责任撇得一干二净，好似他与小周相好倒是张爱玲的不是。

胡兰成甚至在与张爱玲的信中不住地提及小周这样好小周那样好，他

那样刺激她的神经，当真是把她当作天上的圣女了，以为她连女性在爱情中基本的嫉妒都不会了，真正不懂女人心——又或者不是不懂，只是他为自己洗脱的借口罢了。

小周的事情还没有了，南京汪伪政府就起了翻天覆地的变化，汪精卫去日本医病，胡兰成则惶惶如丧家之犬逃往温州的乡下避难。

张爱玲此时因为受他牵连，已经不太有作品面世，没有作品发表就没有收入，几乎过着愁云惨淡的日子。她在散文和自传体小说里不止一次提过一件关于吃包子的事情。有一次她想吃包子便跟姑姑说了，没有馅子，姑姑问芝麻酱是否可以，她自然说好。包子做好了，两个人对坐着品尝，因为没有酵母的缘故，面皮硬硬的，吃起来像咬着一块皮一样。张茂渊还不住点头称赞说："嗯，不错。"

张爱玲也笑着说"不错"，脸别过去，悄悄地抹了抹眼泪——我们太穷了，简直吃的是"贫穷"。

然而，即便是这样窘迫的日子，胡兰成在温州避难的日子，一直以来都是张爱玲寄钱给他用。一日夫妻百日恩，何况他们曾那样高山流水般，张爱玲那样孤傲的女人，何曾对人说过"因为懂得，所以慈悲"的话呢？只得他一人而已。

像胡兰成自己也说过的话一样，这世间千千万万的男子和女子，只有那一个才是你的夫，只有她才是你的妻，竟是不可选择的，所谓缘分吧。

不过，也许在情分之外，还有一个重要的原因，乃是之前胡兰成曾从南京带过一大笔钱给张爱玲。张爱玲做人向来恩怨分明，大约也是想到了将来劳燕分飞的一日，不想有所亏欠。千里搭长棚，没有不散的筵席。她十二岁的时候就能说出"人生聚散，本是常事，我们终有藏着泪珠撒手的一天"，又怎会不知道他们的感情没有光明的未来呢？

抛却胡兰成汪伪政府官员的身份，胡兰成自己到处留情的个性也是他们感情路上的障碍。

张爱玲曾说女人能用自己的钱固然骄傲，但若用了丈夫的钱则又是另一番欢天喜地的景象。她在胡兰成面前说起过黄逸梵，她一直想要还母亲为培养她而花费的钱，胡兰成听了进去，所以后来才有了从南京带钱过来的时候。

在这一点上，胡兰成也算仗义，金钱有时也是男女双方感情的试金石。

有时，我常觉得胡兰成像化学元素中特别容易起反应的物质一样，走到哪儿都有风流韵事。他是一刻也不肯停歇的男人，在温州避难的时候还不忘与一个名为范秀美的妇人相好。范秀美人如其名，既秀且美。

不过，我倒是从胡兰成一连串的情史里看到了这样一个事实，那就是胡兰成抛却他的人品来看的话，确实是个吸引人的男人，否则不会有那么多女人喜欢他。他样貌清秀又学识渊博，性情较为温和细腻，嘴巴又会讨巧，这样的性格向来在女人堆里吃香。

台湾著名作家朱天文、朱天心曾写过胡兰成晚年到台湾时，依然受到很多女作家的追捧，讨好的方式便是在他面前大段大段地背诵张爱玲的文字，而那时的张爱玲正过着离群索居的日子，独自在洛杉矶忙着从一个地方搬到另一个地方。人生，有时竟是不能够去细思量的。

只可惜，凡是爱了他的女人便要承受住被冷落的滋味，甚至要有足够强大的心，眼睁睁地看着一个又一个后来人杀过来，还要面带微笑地迎接，否则就要沦为他笔下与口中的“小气”与“糊涂”。

张爱玲还在为小周的出现思量着，他这边已经与范秀美过起了夫妻生活。她以为他们的情感世界里从此后只有她一人，怎知又多了小周——未来还有更多的名字出现，挡得了一个女人，挡不了整个同类——难道要她与半个人类为敌？

这是做女人的无可奈何处，即便才情旷古绝今的她也未能免俗，还是要落入这样的俗套里。

手心里的月色

我想过，我倘使不得不离开你，亦不致寻短见，亦不能再爱别人，我将只是萎谢了。

——张爱玲

手心的月色再朦胧，总是惘然；手心里的一滴水再清润，时光也会消耗干。热恋时候的话语，日后想起来总像是隔着朦胧的窗纱，看着那样美，竟然不像真的——如手掬水。

别后相思隔烟水，山水迢迢，偶尔偷偷写一封信，那薄薄的信纸怎能承载厚厚的相思？想到胡兰成在武汉与温州的风流韵事，莫名想到了卓文君在司马相如有新欢后写给他的一首诗：

一别之后，二地相思。只说是三四月，又谁知五六年。七弦琴无心弹，八行书无可传，九曲连环从中折断，十里长亭望眼欲穿。百思想，千系念，万般无奈把君怨。万语千言说不完，百无聊赖十倚栏。重九登高看孤雁，八月仲秋月圆人不圆。七月半，秉烛烧香问苍天。六月伏天人人摇扇我心寒。五月石榴似火红，偏遭阵阵冷雨浇花端。四月枇杷未黄，我欲对镜心意乱。急匆匆，三月桃花随水转；飘零零，二月风筝线儿断。噫，郎呀郎，恨不得下一世，你为女来我做男。

张爱玲当时的心情约略如此，所以才会心急如焚，等不及地要舟车劳顿去温州乡下看他。正是春寒料峭的日子，她伴着阴冷的天气南下，那时的她心情一定是焦急里有兴奋，因为完全是期待。

在漫漫的舟船里，她可曾幻想过见面的情景？小别胜新婚，他该有怎样的快慰？都说贫贱夫妻百事哀，可是在贫贱里不离不弃无论如何都是最动人的爱情篇章吧？

然而，全然不是那么一回事。胡兰成见到她非但没有感到快乐，反而粗声大气地跟她说："你来做什么？还不快回去！"

他倒是个会给自己找台阶和辩解的人。"二月里爱玲到温州，我一惊，心里即刻不喜，甚至没有感激。夫妻患难相从，千里迢迢特为来看我，此是世人之事，但爱玲也这样，我只觉不宜。"做妻子的山一程水一程地去寻找他，他倒是觉得"不宜"，任何人都不会觉得不宜，大约只有他才会如此想法。他为了自圆其说，甚至抬出了这样的说法：别人这样做可以，那是因为寻常夫妻，而他们不是。

神仙眷侣不过是做给人看的，哪有不食人间烟火的伴侣？

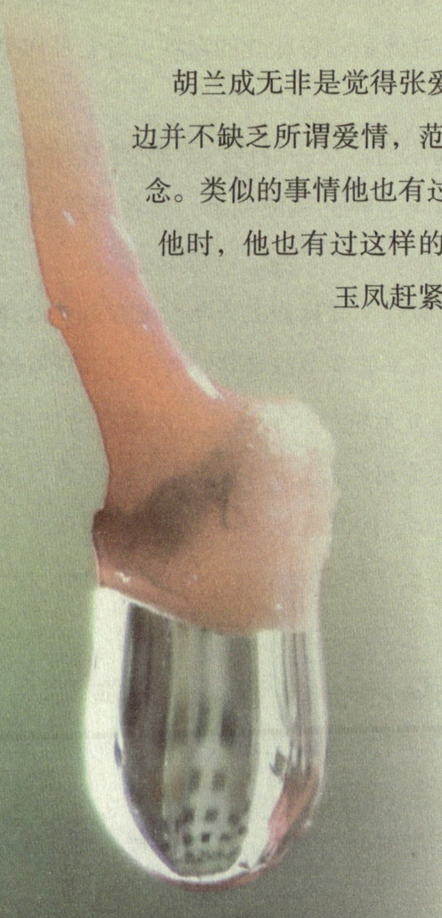

胡兰成无非是觉得张爱玲去的不是时候，因为此刻的他身边并不缺乏所谓爱情，范秀美的陪伴削弱了他对张爱玲的思念。类似的事情他也有过，从前他的发妻玉凤跑到学校去找他时，他也有过这样的念头，尴尬中带着不耐烦，只催促玉凤赶紧回乡下。

虽然，他解释说并非因为玉凤的穿着与言行似乡下妇人，但我总觉得太牵强。胡兰成是个彻头彻尾虚荣的男人，看他扬扬得意地向朋友介绍张爱玲的时候便知晓了。他不过是个贪恋权势、贪恋女色的普通男人，而张爱玲满足的是他身份的象征，他多年后还念念不忘这一点，恰好证明了他是怎样的一个人。可惜了张爱玲，原本那样智慧的女人，在爱情面前一样昏头涨脑地被他拖入泥塘而甘之如饴。

他竟然没有主动向张爱玲坦白范秀美的事情，还大言不惭地说因为没有觉得惭愧。“爱玲并不怀疑秀美与我，因为都是好人的世界，自然会有一种糊涂。”这样的话令人看了只觉得可笑，胡兰成到底是个自私自利的男人，为了掩饰自己的风流成性，竟然罔顾了张爱玲的智慧。

可是，张爱玲多么爱他。“我从诸暨丽水来，路上想着这里是你走过的。及在船上望得见温州城了，想你就在着那里，这温州城就像含有宝珠在放光。”因为爱一个人，然后爱上一座城，像陈奕迅《好久不见》歌里唱到的一样：“我来到你的城市……”

一个地方从来让人爱上的不是它的繁华甚至也不是它的素朴，而是居于那里的人们。

平时，胡兰成照旧跟着范秀美一起，反倒是张爱玲一个人住在旅馆里，等待，等待，像一个完全被动地等着丈夫驾到的妇人。没事的时候，她甚至注意到窗外的一只乌鸦，还笑着告诉他说：“我是不迷信的——可是它飞走了的时候，我还是忍不住高兴。”

到底是中国人。张爱玲一生在某些地方总是愿意相信神秘的东西，比如她特别愿意用一副抽签的牌，每有作品要出版前她都会这样“卜一卦”，以测吉凶。直到她晚年在美国也还是如此，只可惜后来那副牌丢失了。

中国人在这些神秘力量面前总是宁愿信其有，不愿信其无。

但张爱玲的“宁愿信其有”则是因为关心则乱，无论胡兰成是个怎样的男人，无论他被多少人穷追猛打，对她来讲仅仅是自己爱的人。

只是她还不明白的是，此时的胡兰成对她早已没了当初的热烈，甚至她在他心中已经不是第一位的女人。他坐在她临时租住的旅馆里，两人说着些有的没的，他隐隐觉得肚子有些痛，但是一直忍着不说，直到范秀美到了，他才告诉她说自己肚子痛。

可以想见张爱玲的惊异与酸痛，与自己相伴两三年的人，对着自己都不肯说的话，如今却跟另一个女人像话家常一样说了出来。

这件事情虽小，然而到底是伤着了她。从来，一个人在痛苦或危险时想到的第一个人便是自己全心所爱的人。

张爱玲因见范秀美生得漂亮，便自作主张要给她画小像，怎知画了一半她却画不下去了，叹口气跟胡兰成说："我只觉得她的眉眼都是你的。"心心相印的男女，因为生活在一起的缘故，常常在言行上甚至气质上都有相似之处，让她难过的必定是这样的根底。她原本抱着希冀过来寻他，没有寻回那颗热烈的心，只带回一肚子的怨与无可奈何。

此时的张爱玲大约已经想到了日后分别，所以让胡兰成在她与小周之间做个选择——多么卑微的爱，一代才女竟然沦落到这步田地。爱情的世界里果然是公平，管你什么人，丘比特的箭射中你，你只能承受。

她这样问他，虽也料到他的反应，但总算是给两个人的姻缘最后一次机会。“我待你，天上地下，无有得比较，若选择，不但于你是委屈，亦对不起小周。人世迢迢如岁月，但是无嫌猜，按不上取舍的话。而昔人说修边幅，人生的烂漫而庄严，实在是连修边幅这样的余事末节，亦一般如天命不可移易。”

胡兰成这样想两全其美，可天底下哪有鱼与熊掌都能兼得的美差呢？他这番话叫张爱玲伤透了心：“你说最好的是不可选择的，我完全懂得。但这件事还是要请你选择，说我无理也罢——你与我结婚时，婚帖上写现世安稳，你不给我安稳？”

然而面对她的诘问，他还是百般推脱。终于引得她说了这样的话：“你到底是不肯。我想过，我倘使不得不离开你，亦不致寻短见，亦不能再爱别人，我将只是萎谢了。”常有人说离开胡兰成的张爱玲，萎谢的不只是爱情还有才华，约略有几分道理。

她在温州住了二十来日，本意还想住段时间，可惜胡兰成一味催促她回上海。她倒是成了他跟范秀美之间的第三者了，黯然离别的一刻，她知道已经无法挽回属于他们的情感，只是感到锥心的痛苦，像被马蜂蜇了般，爱情的甜蜜还没来得及品尝，却已被它伤得遍体鳞伤。

“那天船将开时，你回岸上去了，我一人雨中撑伞在船舷边，面对滔天的黄浪，伫立涕泣久之。”老天爷都应景，宁愿下雨天，让雨水洗刷心里的灼热，雨水和着泪水，汩汩而下，分不清是天意还是人意。

千疮百孔的爱

她觉得真正的爱是没有出路的，不会有婚姻，不会有一生一世的扶持，一无所求，甚至不求陪伴。

——张爱玲

自温州回到上海的张爱玲，过了段她二十多岁的人生里最灰暗的日子，没有爱人——她爱的人在爱着别人，没有收入，无人问津。她从上海滩最炙手可热的女作家，变成了一个过街老鼠似的“汉奸文人”。

过去热捧她的人，全部远离了她；过去赞美她的人，开始怀疑她的人品。

——从文品到人品，各路打击接踵而来。在《小团圆》里，她甚至写到了一个文坛上的老朋友，从前因为被日本宪兵逮捕，张爱玲与胡兰成营救过，哪知释放以后一次在公交车上相逢，他却趁机“吃豆腐”——果然是“汉奸妻皆可戏”。

这样的事情即便是“小说家言”，恐怕也是当年她遭遇的投射，实际情况比小说里的境遇好不到哪里去。

她从来不让人占便宜，可是也从不愿意对别人有所亏欠。胡兰成曾经放在她那里的一笔钱，渐渐地也被用空了——说是要还给黄逸梵，可是当她把一箱子钱递到母亲面前时，母亲却是又惊又愧，哭着说不要。张爱玲，说到底还是不理解一个母亲的心思。从来做父母的只是嘴上抱怨几句罢了，哪会真的让子女偿还经济上的付出？

《传奇》

张爱玲编剧、桑弧导演的电影《太太万岁》剧照

但胡兰成不一样，她不能对他有所亏欠。她早已想好了分手，只是不愿意提出来，因为那时的他毕竟是在东躲西藏中，为着这夫妻之间的最后一点儿缘分，她一直在等待一个合适的机会。

其间胡兰成有一回回到上海，在张爱玲那里住了一晚，却是分居的状态，一宿无话，待到清晨他起身准备告别时，张爱玲却只抱住他喃喃地叫了句“兰成”便泣不成声。胡兰成不明就里，只有她自己心里清楚他是不爱她了，而她也终将决定离开他。

这期间她认识了上海著名导演桑弧，当年的上海滩是中国电影事业的中心。桑弧邀请张爱玲为他们公司撰写故事，编剧她没做过，不清楚该如何进行。桑弧鼓励她说：我也不知道怎么导演电影，都是慢慢来的。张爱玲听了便有了信心，回家看了些西方的剧本格式，很快便写出来《不了情》。《不了情》的剧情与主要内容贯彻她小说的风格，寻常男女悲欢离合。这部电影算得上是一部中国式爱情悲剧，一经上映立刻风靡上海滩。

一炮而红的局面令桑弧倍感欣喜，自然张爱玲也同样开心，一辈子喜欢看电影，想不到自己编剧的作品能如此受到观众的喜爱——这证明她虽然有两年没怎么写东西，却从未脱离过普罗大众，否则不会知晓如何写一部观众爱看的电影。

两个人决定趁热打铁，在这件事上张爱玲是分秒必争的，她一向喜欢锦上添花，从前出版《传奇》便是如此，趁着读者对你还有几分喜欢赶紧出版新的篇章。因而，电影也同样如此。她很快便写了另一部令人啼笑皆非的喜剧《太太万岁》，跟上一部的反响一样，观众十分喜爱这部电影。

两部电影的成功为张爱玲带来一笔可观的收入，她终于可以直起腰来写这样一封富有尊严的信：

“我已经不喜欢你了。你是早已不喜欢我的了。这次的决心，我是经过一年半的长时间考虑的，彼时唯以小吉故，不欲增加你的困难。你不要来寻我，即或写信来，我亦是不看的了。”

随信附赠的还有三十万元，正是她写电影剧本的稿费。胡兰成接到信以后写下了这样的话：“当下我看完了这信，竟亦不惊悔。因每凡爱玲有信来，我总是又欢喜又郑重，从来爱玲怎样做，怎样说，我都没有意见，只觉得她都是好的。今天这封信，我亦觉得并没有不对。我放下信，到屋后篱落菜地边路上走走，唯觉阳光入睡，物物清润静正，却不知是夏天，亦不知是春天秋天……”

张爱玲的来信使他感到一种苦楚，但是他却没有回信的意思，也没有去寻找她，只是过了两日他给张爱玲的好友炎樱写了封顾左右而言他的信，结果自然炎樱只字不提。

山河浩荡，在这浩渺的人世里，他们相伴着一起过了三年，然而，终于还是要分手。“爱玲是我的不是我的，也都一样，有她在世上就好。我仍端然写我的文字，写到《山河岁月》里的有些地方，似乎此刻就可以给爱玲看，得她夸赞我。有时写了一回，出去街上买块蛋糕回来，因为每见爱玲吃点心，所以现在我也买来吃……”

到底还是惦念的。胡兰成是这样一种男人，你只有离开他，让他失去你不再拥有你的时候，他才会格外惦记你的好。你若日日与他伴在身边，他只会加速厌倦你。他是女人眼中温柔多情的情人，不是相濡以沫的丈夫。

自始至终，他一直如此。

晚年的张爱玲，曾经在与宋淇夫妇的通信里，提及亦舒在报上大骂胡兰成一事，张爱玲直说骂得好，可见这怨恨几十年后还没有消。

然而，这些都是对别人说的，自己内心的感情恐怕要复杂得多。女人是这样的动物，在朋友面前可能会大骂某个负心汉，一转脸独自面对时却又深情款款，满心的不舍。

在《小团圆》里，她写到自己三十岁时记下的话："雨声潺潺，像住在溪边。宁愿天天下雨，以为你是因为下雨不来。"第一次全心爱过的人，无论他多么糟糕，总是特别的。

"她从来不想起之雍，不过有时候无缘无故的那痛苦又来了……有时候也正是在洗澡，也许是泡在热水里的联想，浴缸里又没有书看，脑子里又不在想什么，所以乘虚而入。这时候也都不想起之雍的名字，只认识那感觉，五中如沸，浑身火烧火辣烫伤了一样，潮水一样地淹上来，总要淹个两三次才退。"

这样的伤痛，若非爱过的人简直无法理解，爱情本来就像是一场高烧，

烧得人失去理智，怎知失去的时候还是如此，像患了风寒，抽丝剥茧般，好得奇慢无比。

她做梦，梦见“青山上红棕色的小木屋，映着碧蓝的天，阳光下满地树影摇晃着，有好几个小孩在松林中出没，都是她的。之雍出现了，微笑着把她往木屋里拉。非常可笑，她忽然羞涩起来，两人的手臂拉成一条直线，就在这时候清醒了。二十年前的影片，十年前的人，她醒来快乐了很久很久……”

曾经她竟是幻想过跟他天长地久，有一群孩子，过着寻常主妇的日子……原来最美的都在梦境里，原来爱情不过是一场梦幻，梦里哄得人开心——只是太短暂。自从那一次抱着他哭着喊了一句“兰成”便泣不成声后，他们这一生东奔西走，再也没有相逢过。

后来的他去了中国台湾又去了日本，最后老死在东洋，而张爱玲亦在中华人民共和国成立后不久辗转香港去了大洋彼岸的美国，再也没有回到上海过。

他们这一生算是结束了，然而我知道她一定没有后悔过，因为她是那样的一个女人，敢爱敢恨，干脆利落。胡兰成是她的缘还是她的劫，没人能讲得清，只怕她自己也说不好。

我们这一生里，约略都会遇见一个那样的男人，为了他飞蛾扑火，最后自己也落得个残肢，再也不能完整地去爱另一个人。

曾经说好的“签订终身”，然而终于逃不过命运的翻云覆雨手。年轻时候所谓的永远与一生一世，不过是三年五载吧——中年以后说起十几年前的事还像昨天一样。时间啊，任何人在它面前都是输家。

只爱一点点

虽然当时我很痛苦，可是我一点不懊悔……只要我喜欢一个人，我永远觉得他是好的。

——张爱玲

“面对一个不再爱你的男人——做什么都不妥当。衣着讲究就显得浮夸，衣衫褴褛就是丑陋。沉默使人郁闷，说话令人厌倦。要问外面是否还下着雨，又忍不住不说，疑心已问过他了。”她这样写道，可曾是在下雨的时候面对过那个不再爱她的男人？

当伤痛以猝不及防的速度击败我们时，有时我们多么希望身边能有根救命的稻草，哪怕只是帮助我们渡过临时的难以自拔。

张爱玲在与胡兰成这场千疮百孔的爱里面，在残留的尾巴那里曾出现过一个漂亮的男人，那个人正是张爱玲剧本的导演，桑弧先生。

桑弧样貌上有些像张爱玲的弟弟，圆脸大眼睛剑眉，标准美男子，与胡兰成的清秀不同，他的美是温厚儒雅的。

在《小团圆》里，张爱玲只是将桑弧的身份从导演换成了演员而已。桑弧跟胡兰成一样是浙江人，只是个性上相差太多。桑弧没有胡兰成的机警，他拘谨老实，甚至有些内向和软弱。父母早亡，跟着兄嫂一起生活，有些像张志沂的遭遇，这样的男人多数是保守老派的，长兄如父长嫂如母，兄嫂掌控着他未来的婚姻。他自己是做不得主的，然而他还是忍不住爱上了张爱玲。

单单为了这一点，张爱玲也对他充满感激，她说她从不后悔，因为那当口幸亏有了他——不然，如何度过那些痛苦难挨的日子？从来对女人来讲，忘记一个人最好的方法便是投入到另一个男人的怀抱。一边爱，一边忘。

但桑弧的谨慎老派也是一定程度内的，比方他十分介意张爱玲不化妆这件事。张爱玲跟他在一起的时候刚好二十八岁，还是十分青春的年纪，然而她却说自己老了，开始用冷水洗脸——为的是紧缩肌肤，三十岁不到竟然已经惧怕衰老了，不过是爱上了一个美男子，害怕自己与周旋于他身边的一众女演员相比在容貌上失了色。

他跟胡兰成毕竟不同，如果说胡兰成还有点儿旧文人的风雅，他能欣赏张爱玲的才华，那么桑弧作为一个导演来讲，恐怕欣赏她才华的程度远不及胡兰成。唯一能有些优势的无非是仗着比他小几岁的“美色”——可是这美色也令人犹疑，因为张爱玲并不能算得上是一位标准美人。

在《小团圆》里，她这样写着：“她一向怀疑漂亮的男人。漂亮的女人还比较经得起惯，因为美丽似乎是女孩子的本分，不美才有问题。漂亮的男人更经不起惯，往往有许多弯弯扭扭拐拐角角心理不正常的地方。再演了戏，更是天下的女人都成了想吃唐僧肉的妖怪。不过她对他是初恋的心情，从前错过了的，等到了手已经境况全非，更觉得凄迷留恋，恨不得永远逗留在这阶段。这倒投了他的缘，至少先是这样。”

看桑弧先生的照片，确实算一等一的美男子，也难怪张爱玲要那样紧张和“自卑”了，她爱他深邃的目光，却又疑心那不过是因为她爱他。人一旦爱上某个人，总会在他的身上发现类似“神”的光芒，正如《追忆似水年华》的作者普鲁斯特所言，所谓爱情不过是将你欣赏的特质投射到某个人身上而已，也许他原本并非那样的一个人。

为了他，二十八岁的她第一次学化妆，学搽粉，他还感到惊讶，因为竟然还有女人不会化妆！约略是因为桑弧整天看见的都是打扮得光鲜靓丽的女演员，自然他的审美也是那样的时髦女郎，对张爱玲独特的美一时还未能全盘接受。

张爱玲特别写到一件琐事，两个人一起看完电影出来后，因为鼻头那边出油，涂抹的粉也变了样，桑弧的脸色很不好看，张爱玲见了更难过。

她有两个月月信没来，以为怀了孕，告诉桑弧的时候，桑弧倒是没有推卸责任，说一句我们不如直接宣布……应该是想到结婚这样的终身大事，然而张爱玲比他清醒，知道他们之间的阻碍，隔着千山万水的中国传统道德观。因而，张爱玲说我们这样开头实在太凄惨了。

原本是喜事，但在她看来确是凄惨的开头——因为她一眼就看到了这段感情的未来。

桑弧介绍了一位医生给她，一通检查后发现没有怀孕，却检查出子宫颈折断。她心内一沉，估计跟胡兰成相关。因为是桑弧介绍的朋友，想着如果不告诉他，日后他总会知道的，因而跟他坦白了自己的情况，她是以一棵“残花败柳”的心思来讲述的。

“心里想使他觉得她不但是败柳残花，还给蹂躏得成了残废。他听了脸上毫无表情。当然了，幸免的喜悦也不能露出来。”

“没人会像我这样喜欢你的。”她说。

“我知道。”

但是她一面说“我不过是因为你的脸”，一面仍旧在流泪。

自小被大哥养大的桑弧十分听兄长的话，在几十年前写作被视为不是正经职业——事实是直到今天，但凡是与文艺沾边的事业还会被保守的人视为“不正经”，更别提她所在的20世纪40年代了。

一个以写作为职业的女性更是被视为“不务正业”，这是他们家反对张爱玲的第一因素。除此之外，张爱玲与胡兰成的往事也是重要的阻碍。其实，说到底桑弧自己也没有多么坚持，在他心里多少是介意张爱玲的“残花败柳”的。

两个人因为家庭的阻力渐渐地少有来往，直到有一次两人重逢。

张爱玲这样简洁描写一段复杂的感情：

这天他又来了，有点心神不定地绕着圈子踱来踱去。

九莉笑道："预备什么时候结婚？"

燕山笑了起来道："已经结了婚了。"

立刻像是有条河隔在他们中间汤汤流着。他脸色也有点儿变了。他也听见了那河水声。

当张爱玲装作轻描淡写问他何时结婚的时候，心内必定以为他一旦要结婚，至少会先告诉她一声吧？怎知竟然没有！

因而她觉得有条河隔在他们中间，一条寂静的沉默的河，那是存了心思的隔膜与尴尬。

桑弧对张爱玲还算有情，报纸上刊登他们新婚夫妇的消息，他担心张爱玲看了觉得受刺激，于是托人给报馆里说了，以后再也不要刊登他们夫妻的私生活。

然而，她到底是看见了。

"她只看见他的头偎在另一个女人胸前，她从那女人肩膀后面望下去，那角度就像是看她自己。三角形的乳房握在他手里，像一只红喙小白鸟，鸟的心脏在跳动。他吮吸着它的红嘴，他黑镜子一样的眼睛蒙上了一层红雾。

"她心里像火烧一样。"

从此她听见别的男人说"我能不能今年再见你一面"就心惊肉跳，因为那样的话从前桑弧在电话里说过。

一辈子写尽了爱情的苍凉，末了自己也受了爱情一身的伤，无法自愈。"但是燕山的事她从来没懊悔过，因为那时候幸亏有他了。"

后来的她这样说道："藉写作来宣泄——于是其他人就会分担我的记忆，让他们记住，我就可以忘却。恋爱上的永不与永远同样的短促吗？但我的永不是永不，我的永远是永远，我的爱是自然死亡，但自然死亡也可以很磨人和漫长。"

她周遭的人与事已经没有太多值得她留恋的了，只有姑姑一人始终伴着她——然而，姑姑也是因为李开弟的缘故吧？否则，早已离开中国了。她曾对张爱玲说过喜欢加拿大，愿意在那样的地方度过生生世世。

不是一个地方留人，是情字牵人。

这里，如今于她来讲已是生无可恋的了。当她穿着一身旗袍出席上海的第一次文代会时，她就已经明白了，这已经不是属于她的时代，也不是属于她的世界。这个到处穿着蓝布衣服的新世界里，她处处显得碍眼，那样的触目惊心。

她曾那样爱过这地方的人与事，然而终究免不了一别。

她要与这个世界做最后一次告别，告别前半生的辉煌与灰暗，奔向一个全新的未知。从此，属于上海的传奇与流言都将留在恍如隔世的身后。

太平洋的风

半生繁华，一世飘零。吹着太平洋的风，她远走美国，留给世人一个孤绝的身影。“然后时间加速，越来越快，越来越快，繁弦急管转入急管哀弦，急景凋年倒已经遥遥在望。”

背着故事行走的人

我的人生——如看完了早场电影出来，有静荡荡的一天在面前。

——张爱玲

人生有时就是这样的，你以为千秋万载不变的事情，它说变就变，压根不会提前告知你做好心理准备。张爱玲的人生，她自己形容说是看了早场电影出来，面对满街大太阳，剩下的大把光阴却不知如何打发。

她的人生确实走到了这样的当口。

一度她在《诗与胡说》里写了长长的一大段，阐述自己如何爱中国：

“所以活在中国就有这样可爱：脏与乱于忧伤之中，到处会发现珍贵的东西，使人高兴一上午，一天，一生一世。听说德国的马路光可鉴人，宽敞，笔直，齐齐整整，一路种着参天大树，然而我疑心那种路走多了要发疯的。还有加拿大，那在多数人的印象里总是个毫无兴味的，模糊荒漠的国土，但是我姑姑说那里比什么地方都好，气候偏于凉，天是蓝的，草碧绿，到处是红顶的黄白洋房，干净得像水洗过的，个个都附有花园。如果可以选择的话，她愿意一辈子住在那里。要是我就舍不得中国——还没离开家已经想家了。”

写这篇散文的时候，她何曾想到有朝一日自己却要作别这样脏与乱的中国？倘使她能够看见的话，见到如今这个满是高楼大厦的故乡，不知还能否辨认得出来？也许，只有那份脏乱和独特的吃食与乡音让她觉得熟悉了。

然而，20 世纪 50 年代初的上海已经不是她记忆里的上海了，她思虑很久决定离开。离开的时候甚至都没有告诉弟弟张子静——后来弟弟到姑姑处去找姐姐，姑姑开门只简单地说了句“你姐姐走了”便关上门。我看到张子静那看似平静的回忆文字，每每眼泪都止不住汩汩地流。姐弟一场，最后各自流落在天涯的两个角落。

《对照记》里她放了一张姑姑穿着旗袍戴着眼镜端坐的照片，她写道离开内地的时候姑姑就是这个样子，在她记忆里姑姑永远是那时候年轻的样子。也好，总好过看见苍老的窘迫。

她申请出内地的理由是回到港大继续读完学业，那也是母亲黄逸梵的愿望，她始终希望张爱玲能拿个文凭。张爱玲曾说她的母亲因为自己没去过学校的缘故，所以一辈子是个学校迷。她总是那样一张刻薄的嘴，一颗悲悯的心——张爱玲亦写过她对几乎所有的人都有同情心这样的话，因而她也绝非胡兰成和炎樱口中的十足自私的人，她悲天悯人。

因为有这个充足的理由，因而内地这边在仔细审查后决定让她走。我常常想，若他们知晓她是打算一去不返的，还会这样吗？

终于要走了，离开这座生养她三十多年的城市——1952 年她离开上海，心中没有悲喜，只是静默，因为完全不知道这个选择到底好不好。

那样可爱的上海哟，挥一挥手，再看最后一眼吧，此后余生几十载再无再见你的机会，是永别，如同跟最爱的亲人诀别，凄怆充塞心底。

又到了香港，过去读书、逛街、战争的画面还仿佛在昨日，时光怎样

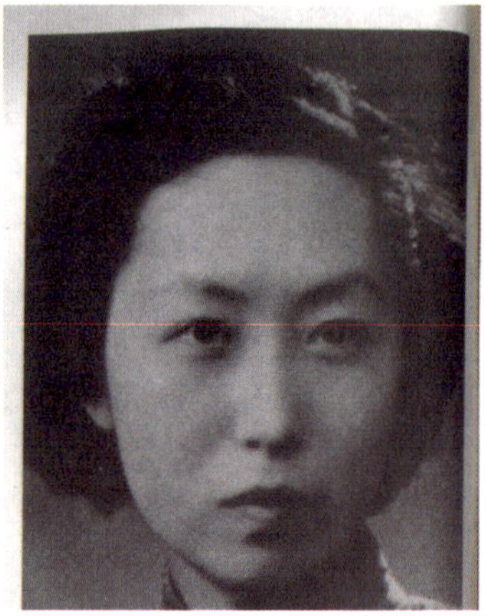

1952 年离开上海的派司照

好友炎樱的艺术照

轻易地改变了一个人？她不再是过去那个不解风情的书呆子，已然是一位才情卓越的女作家，她还年轻，还有美好的未来可以期待。

在香港美国新闻处，她有幸认识了一辈子的挚友宋淇与邝文美夫妇。如果说在她之前的人生里，我们见到的都是人性中较为灰暗的部分，那么在宋淇夫妇这边，难能可贵地为我们展现了一位珍惜友情的寻常女人。

张爱玲后来给邝文美的信中提及炎樱与桑弧，说他们对她的了解只是一部分，不及邝文美那样了解她的每一面，可见她对这位挚友知音的珍重。

“我们两人的背景与环境那么不同，可是本性和气质都那么像，真奇怪！

“一个知己就好像一面镜子，反映出我们天性中最优美的部分来。幸而我们都是女人，才可以这样随便来往，享受这种健康正常的关系，如果一个是男的，那就麻烦了。”

这样充满人情味又小女人的文字，此后在她们的通信中时常出现。多么难得，天地间有一个那样的人，能够不用你说就明白你的所思所想。正如她自己所言的那样，“每次想起在茫茫人海中，我们都很可能错过认识的机会——太危险了。命运的安排真好。”

在她人生最需要的时刻，邝文美出现了，她欣喜万分。这个被张爱玲视为知己，此后四十多年往来不间断的女人，究竟是个怎样的女人呢？

邝文美对于绝大多数人来讲是个陌生的名字，世人皆知晓炎樱，因为张爱玲在作品里单独写过《炎樱语录》，那样活泼慧黠的女子。但张爱玲又说炎樱是“红玫瑰”，看过她的经典之作《红玫瑰与白玫瑰》的读者一定对红玫瑰留有深刻的印象，因为她是男人眼里的尤物，漂亮天真，然而没什么脑子，所以总是在男人的世界里前仆后继地吃亏。

也许，炎樱出于天性也因为家庭环境影响的缘故，对赚钱的兴趣多过读书，所以不能很好地理解张爱玲的世界，但邝文美不同，她是被她赞为“钗黛一体”的女子。她不止一次说过，但凡她遇见举止优雅形容漂亮的女人，又有智慧的同类，她总是忍不住要拿过来跟邝文美做一番对比，末了只得感慨世间只得一个 Mae（邝文美英文名）。

邝文美漂亮、优雅、智慧，与先生宋淇都是标准的知识分子，因而她在学识上理解张爱玲完全没问题。

从个性上来讲，邝文美的性格显然更讨人喜欢。张爱玲说她见过那么多的女人，却只有一个人像《半生缘》里的女主角曼桢的，那个人便是邝文美。邝文美聪慧无比，又生得美貌，然而却没有一般女人惯有的毛病——设若一个女人有些才华便会自以为是，张爱玲说她最讨厌自以为有才华的女人与自以为长得漂亮的男人；又，一个女人若生得漂亮，难免会在同性面前孜孜地谈论她的情史，她怎样被一众男人苦苦追求，她又如何巧妙拒绝云云。

炎樱属于后者，她不止一次说过这样的事情，同时她又说张爱玲苍白，从不夸赞她。与这样的同类在一起，难免让人觉得泄气。

但邝文美这样两者兼具的女人，却没有这些女人的通病，这样好修养好学问的女人，别说张爱玲欣赏，只怕很多女人都会喜欢。

张爱玲写信给邝文美的丈夫宋淇先生，称自己在遇见 Mae 之前根本不信什么“钗黛一人”说，可是见到她了自己毫无来由地就相信了。对中国人来讲，哪怕没看过《红楼梦》的人都会知道这样一个基本事实：黛玉以才情动人，宝钗以端庄大气服人。她既然认为邝文美兼有钗黛之美，则她必定是兼具两者的优点。

可是宋淇回信告诉她说，Mae跟宝钗确实有几分相似，但不是深沉的心机那一面相似，与黛玉却没有什么相似的——这无非是宋淇先生的谦语。

邝文美性情端庄温柔，与张爱玲的尖锐刻薄正好相反，她的宽厚能够与她的锐利和平相处——换作炎樱则不能，她会忍不住讥讽几句张爱玲，而张爱玲必定奋起反抗，于是辩论会无休止地进行，继而互相伤害。

再者，张爱玲再次到了香港的时候，已经是个死了心的人，虽然外表还年轻，可心内已经苍老，正像她在《小团圆》里所写的那样：

“过三十岁生日那天，夜里在床上看见阳台上的月光，水泥栏杆像倒塌了的石碑横卧在那里，浴在晚唐的蓝色的月光中。一千多年前的月色，但是在她三十年已经太多，墓碑一样沉重地压在心上。”

心里藏了太多的故事与太多的郁结，难免苍老了心，她对未来几乎是不抱什么太大希望了，对友情爱情都一样。怎知，还有柳暗花明的一日？她的欣喜在通信集里我看了十分安慰，因为她不是人们所想象的那样孤僻与孤单，她有终生挚友，有了倾听的人，人生才不会那么无聊。

另一面镜子

我最好的朋友——中学时的张秀爱和后来的炎樱——都到美国去了，而且都是从来没有想到会去，兼且没有亲人在美——“一二不过三”，我想将来你也会去。

——张爱玲

好的知己是自己的一面镜子，邝文美就是张爱玲人生的另一面，她在她的身上时常看到自己。从来没有见过张爱玲这样对一个人没有戒心，也没有见过她那样不吝辞藻地夸赞别人，只有对邝文美才如此。

除了这份性情相投外，恐怕与宋淇夫妇对她雪中送炭有关。在她最无助的一刻，他们与她做朋友，真诚地向别人推荐她的作品，介绍她为香港电懋写剧本，后期的诸如《情场如战场》《南北一家亲》等作品皆为电懋所写，这也成为她后半生主要生活来源。

我以为最为难得的还是从邝文美这里，我们这些后人可以窥见张爱玲清冷的另一面。邝文美曾写过一篇关于张爱玲的文章，她特别喜欢。黄逸梵晚年在伦敦病重的时候，希望张爱玲能够去看她一趟，但当时的她也是状况窘迫，终于没去见母亲最后一面。然而，她寄了一点儿钱，附上了唯一一份文字资料，便是邝文美的那篇文章，足见她对这篇文章的重视与认可。因为那文章最接近她本人，所以她想让母亲读了以后能够了解她的状态与为人，算是母女俩最后的沟通。

知己是自己的另一面镜子，尤其是同性的知己，往往比异性知己要来得了解透彻。尽管张爱玲曾说同性可以了解，异性才能安慰——然而最透彻的安慰往往来自最彻底的了解，到底还是同性知己更为默契。

因为没有负担——不用惧怕异性知己的伴侣妒忌。

邝文美在张爱玲的眼里看见了自己的端庄与温柔适意，而张爱玲则在她那里看见自己不可多得的体贴。

邝文美的一篇文章，为张爱玲做了不小的“翻案”。

很多时候，人们都以为张爱玲十分清高，有时见到人都爱搭不理。但，邝文美却这样说：“（我们）一见如故，后来时常往来，终于成为无话不谈的好友，我才知道她是多么的风趣可爱，韵味无穷。照我猜想，外界传说她‘孤芳自赏’‘行止隐秘’‘拒人于千里之外’……很可能是由于误解。例如，她患近视颇深，又不喜欢戴眼镜，有时在马路上与相识的人迎面而过，她没有看出是谁，别人却怪她故作矜持，不理睬人。再者，她有轻性敏感症，饮食要特别小心，所以不能随便出外赴宴。不明白这一点的人，往往以为她‘架子很大’。再加上她常在夜间写作，日间睡觉，与一般人的生活习惯迥异，根本没法参加各种社交活动，这也是事实。我相信‘话不投机半句多’的这种感觉是任何人都有过的。在陌生人面前，她似乎沉默寡言，

不擅辞令；可是遇到只有二三知己时，她就恍如变成另一个人，谈笑风生，妙语连珠，不时说出令人难忘的警句来……"

这个张爱玲一定是大多数人感到陌生的，因为人们一时无法接受她原来如此幽默风趣，仿佛她就该高高在上，就该"高处不胜寒"。否则就不是她。

然而，别忘了她是最喜欢人间烟火气的作家，她是一个喜欢中国的脏与乱的作家，喜欢颜色与气味的人，如何能是个不通人情世故的女人呢？

邝文美称自己是个幸运的人，因为遇到了自己的知己，其实，张爱玲遇见她何尝不是一种幸运？她初到香港的时候，住在女青年会，靠着给人翻译稿子维持生活——有时没日没夜地写作，一天竟然写十几个小时，简直像个机器。为了生活，她什么稿子都接，哪怕是那种专业性很强的稿子，诸如牙医之类的。这样的事情后来也被她写进了《小团圆》里。这期间她翻译了《老人与海》，以及《爱默森选集》与《无头骑士》。但张爱玲做翻译完全是为了讨生活，并不是她的兴趣所在，就像她晚年在美国给美国广播公司改编苏联作家索尔仁尼琴《伊万的一天》一样，都是为了生存。

她不爱翻译的工作，曾这样说："我逼着自己译爱默森，实在是没办法。即使是关于牙医的书，我也照样会硬着头皮去做的。"又曾跟宋淇夫妇抱怨说："译华盛顿·欧文的小说，好像同自己不喜欢的人说话，无可奈何地，逃又逃不掉。"

只怕每个人都有过这样的无可奈何吧？

生活，从来就是这样的真刀实枪，哪里有那么多梦幻？这也是她行文总是不脱离实际的缘故之一。

她在香港逗留了三年之久，日子过得还算平顺，港大一直给她保留着奖学金，然而经历过人世的一番变迁后，她对读书拿文凭那样的事情早已失了兴味。这倒是让黄逸梵很是气恼了一阵，因为她多么希望女儿能继续读书——她缺少的必定要女儿拿到，中国的父母总是这样的情结。

然而不知出于怎样的考虑，她竟然要离开香港，彻底远离她所熟知的中国！“我最好的朋友——中学时的张秀爱和后来的炎樱——都到美国去了，而且都是从来没有想到会去，兼且没有亲人在美——‘一二不过三’，我想将来你也会去。”说着这样话的张爱玲，大约当时也未曾想到自己要去美国。后来她在美新处（美国驻港总领事馆新闻处）的麦加锡的介绍下准备赴美。

1955 年秋天，张爱玲搭上一条名为“克利夫兰总统号”游轮离港赴美——这条船的名字听着十分高端，然而事实是，她以难民的身份彻底离开中国，奔赴美国。形影相吊的一个人，立在初秋的船舷上，望着送行的宋淇夫妇，心内的暗涌只怕要甚于船下的波涛。

从此，她将孤身踏上一个全然陌生的大陆。刚得了个精神知己，又要独自飘零，注定了漂泊无依似的。

船刚到日本，她就迫不及待地给宋淇他们寄去了信件，长达六页之多，该有多少的体己话想说？

“别后我一路哭回房中，和上次离开香港的快乐刚巧相反，现在写到这里也还是眼泪汪汪起来。”这样写来还不够，又叮嘱他们“一有空就写信来……但一年半载不写信我也不会不放心的。惦记是反正一天到晚惦记着的”。

读了这样的书信简直令人不敢置信，这是那个向来说话刻薄、行文淡漠冷艳的张爱玲吗？只有在最真的朋友面前才会吐露自己的心声，只有在这样的朋友面前才会不设防，将自己和盘托出献给对方，只因对方完全懂得。

到了美国的张爱玲，先在纽约短暂住下，因为大学时期的好友炎樱在那边，算是投靠她来了。在上海滩，曾几何时，张爱玲风头正劲的时候，炎樱的光彩都要被掩盖，而如今她却成为一个落魄的作家。

因为在香港时期她曾经尝试用英文写小说，《秧歌》后来出版了，在美国引起不小的轰动，《纽约时报》甚至为此写了两次书评。《秧歌》出

1954 年张爱玲在香港

版后，她曾经将书籍寄给胡适先生看，希望能得到他指点一二。

如果说张爱玲也有所谓精神偶像的话，那么，我想除了曹雪芹外，另一人必定是胡适。她无法忘记在父亲昏沉沉的房间偷取出的《胡适文存》。事实上，胡适的父亲与张佩纶还认识，后来他甚至告诉过她张佩纶帮过他的父亲，这样的小事胡适先生记得，然而张家人自己并不清楚，可见胡适的家教，滴水之恩涌泉相报。

当张茂渊与张志沂因为家产官司闹翻的时候，张志沂心心念念的竟然是“你姑姑那儿还有我两本书没还”。其中一本就是《胡适文存》。

张茂渊与黄逸梵跟胡适先生也认识，他们甚至一桌打过牌，然而张爱玲从未见过这个精神世界里的偶像。她刚到纽约便迫不及待地想去拜访胡适先生，像极了一个小女生要见偶像的心情。

她拉着炎樱一起去拜访胡适先生，欢天喜地。

在张爱玲的世界里，她主动去拜访对方，且是个男人，在有限的资料里，我只能想到两个姓胡的男人。一个是胡兰成，另一个则是胡适。

无论多么“高处不胜寒”的人，心里总有一块圣洁的月光，那月光指引她前行。胡适于她就是这样的清寒的月色。

渐行渐远渐无书

秋色无南北，人心自浅深。

——李鸿章

胡适是五四新文化运动的领军人物，人们对他的印象大约还停留在提倡白话文和考证《红楼梦》后四十回是高鹗续作的事情上。因为过去他的作为，他成为当时中国文化界具有代表性的人物，而张爱玲受他的影响也是显而易见的了——她的母亲与姑姑都是新文化思想受惠者，更何况到了张爱玲的时候。

在张爱玲的想象里，大约像胡适这样的全民文化偶像应当是十分桀骜的，至少不是她见到的那个模样。

“那条街上一排白色水泥方块房子，门洞里现出楼梯，完全是港式公寓房子，那天下午晒着太阳，我都有点恍惚起来，仿佛还在香港。上了楼，屋内陈设也看着眼熟得很。适之先生穿着长袍子。他太太带点安徽口音，我听着更觉得熟悉……”

在江冬秀的安徽话里，她一定想起了自己的家族，想到了老中国一切古老而亲切的人与事，那样熟悉而动人。她还是像邝文美所讲的一样，对着陌生人只会沉默寡言，因为实在不善辞令。尽管她面对的这个人正是少女时代就崇拜的偶像，然而她还是习惯倾听，炎樱的热络与活泼在这时倒是发挥了作用。胡适夫妇都很喜欢炎樱，跟她聊了不少，张爱玲只一味听着。

炎樱因为离开上海太久了，普通话说得磕磕巴巴，然而这并不妨碍他们的交流。她喝着玻璃杯里泡着的绿茶，还没进门就有种时空交错的感觉，因为实在太像父亲的房间。她情不自禁想起了从前在父亲窗下的书桌上阅读《胡适文存》的情景，还有《歇浦潮》《人心大变》等都被她一本本拖出去看过。哪怕是胡适特别喜欢的《海上花》，她也拿来看，并且一看就是一辈子，晚年不忘将《海上花》翻译成英文与中文，这么浩大的工程，内心若无一股强烈的感情支撑着，根本无力完成，因为她并非喜欢翻译的工作。

胡适另一本高度赞扬的《醒世姻缘》，也是她喜爱的读物。“《醒世姻缘》是我破例要了四块钱去买的。买回来看我弟弟拿着舍不得放手，我又忽然一慷慨，给他先看第一二本，自己从第三本看起……好几年后，在港战中当防空员，驻扎在冯平山图书馆，发现有一部《醒世姻缘》，马上得其所哉，一连几天看得抬不起头来。房顶上装着高射炮，成为轰炸目标，一颗颗炸弹轰然落下来，越落越近。我只想着：至少等我看完了吧。”

这些珍贵的记忆不仅是父亲的，也是胡适先生的隔空馈赠。

她跟炎樱拜别胡适后，一天炎樱打听了下，过来跟她讲：“喂，你的那个胡博士不大有人知道，没有林语堂出名。”张爱玲没有直接反驳，因为炎樱说到底不能算一个彻底的中国人。因而张爱玲才会这样说：“我屡次发现外国人不了解现代中国的时候，往往是因为不知道五四运动的影响……我想只要有心理学家荣（格）所谓民族回忆这样东西，像五四这样的经验是忘不了的，无论湮没多久也还是在思想背景里。”

事实是，此时的青春期闺密已经起了隔阂，话不投机半句多。两个人天性里迥异的部分显现得越来越多。从前相通的地方越来越被这种不同所阻碍。看炎樱说着这样的话，只是普通人以是否有名来衡量一个人的价值，这是俗世的标准，张爱玲虽高叫着“出名要趁早”，然而她的内心里所想的必定不是如此，因为她知道五四运动的影响。

尤其，这个时候张爱玲穷困潦倒，惶惶如丧家之犬——她自己就曾形容自己像条狗，而炎樱则屡次做买卖都发了大财，贫富的差距、地位的悬殊、个性的不同，直接导致这两个昔日无话不谈的好姐妹，越来越沉默，变得不再有话可讲。

况且，张爱玲此时的第一知己乃是邝文美，心里有话也不再愿意对炎樱倾诉了。她在给邝文美的信中曾说过这样一段话："无论谁把金钱看得重，或者被金钱冲昏了头——即使不是自己的钱，只要经过自己的手就觉得很得意，如炎樱在日本来信说'凭着自己的蹩脚日文而做过几 billions（数以十亿）的生意'——我都能明了。假如我在她的地位，我也会同她一式一样……"

话虽如此，但能跟另一个女性这样讲炎樱，可见友情的成分已经十分稀薄了，只剩下一张窗户纸没捅破了。

"Fatima（炎樱）并没有变，我以前对她也没有 illusions（幻想），现在大家也仍旧有基本上的了解，不过现在大家各忙各的，都淡淡的，不大想多谈话。我对朋友向来期望不大，所以始终觉得，像她这样的朋友也总算不得了。不过有了你这样的朋友之后，也的确是 spoil me for other friends（宠坏了我，令我对其他朋友都看不上眼）。"

这是赤裸裸的裂痕了，如果说这还不算嫌隙，那么在她与赖雅结婚这件事上，则是再明显不过的事情了。"Fatima 愿意做见证，但我宁愿临时在登记处抓一个证人。"

宁愿随便找个陌生人来证明他们的婚姻，却不愿意让炎樱来做见证，一道由天性和经济悬殊等因素造成的鸿沟已然横亘在她们的中间，像一条河流，她们各自站在对方的彼岸，静默地望着曾经的知己，年少的时光就像这寂静的水一样流逝，再也回不去了，再也回不到那些无话不谈的日子了。

不会有一起在战后的香港街头暴走的时候，也不会有一起讨价还价的快乐，甚至，那些晚秋的夜晚，两个人来回送对方的岁月，全部没了。

我想，也许，人世总要经过这样的不可挽回吧？

每个人都有可能经历自己不能掌控的事情，那些回不去的青春就像老

电影，永远定格在回忆里。

可面对苍茫的现实，我们宁愿选择漠视，各自安好便是最好的结局。

像张爱玲曾祖李鸿章的一句诗说的一样：秋色无南北，人心自浅深。

世界在哪里都一样，不同的是人的心。曾经炎樱是个明快而艳丽的女子，张爱玲是个风头正劲的女作家，旗鼓相当的两个人自然容易互相欣赏。炎樱从前甚至想要当个作家，然而到底心里更爱浮世的繁花，放弃了写作——写作实在是件苦差事，就像张爱玲自己所说的一样，任何人都有不爱写作的理由，因为太痛苦。

如今，她是亿万富婆，而张爱玲则沦落到寄居在美国穷人聚居的免费场所的地步。张爱玲在散文《雨伞下》里早已经说出了这样的话：“穷人结交富人，往往要赔本。”

她赔不起，因为除了满腔的才华，此刻她是个一无所有的飘零天涯的女人——自然，依照她的个性，她也不愿意去做这件事，于是大家才渐渐地没了共同语言，渐渐地失了音信，像人海里的浮萍，聚了的时候因为偶然，散了的时候还是偶然。

在苍茫的天地间，她们曾彼此相依着走过一段旅程，已经足够，奢望一辈子守望，那是我们的痴心。

人生何处不相逢

适之先生望着街口露出的一角空蒙的灰色河面，河上有雾，不知道怎么笑眯眯的老是望着，看怔住了。他围巾裹得严严的，脖子缩在半旧的黑大衣里，厚实的肩背，头脸相当大，整个凝成一座古铜半身像。

——张爱玲

张爱玲与胡适的交往其实在1954年秋就开始了，那时候她将自己的小说《秧歌》寄给胡适，因为想起胡适十分喜欢吴语小说《海上花》，点评《海上花》是“平淡而近自然”。

她自小便受了胡适先生的影响，一辈子对这部吴语小说十分喜爱，因而想得到他的评语。对她来讲，胡适先生是神明一样的偶像，是文学前辈。张爱玲一生睥睨天下，从未见她那样崇拜过一个人；除了早已谢世的曹雪芹外，只有胡适先生那样让她尊崇，在他的面前她永远像个小学生一样恭敬。

自从炎樱说过那句“你的那个胡博士不大有人知道”之后，她再去见胡适先生就独自去了。

胡适在书房里接见了她，她望着他那一摞摞一沓沓乱糟糟的稿纸，心里就感到心悸，因为整理起来实在需要心力——在这样的环境下，她竟然还想到他整理的辛苦，一个女人只有在十分关心一个男人时才会如此。

张爱玲对胡适先生一直是带着偶像的崇拜在里面的。

“跟适之先生谈，我确是如对神明。较具体地说，是像写东西的时候停下来望着窗外一片空白的天，只想较近真实。”

这口吻实在是像极了一个小女生见到偶像之后，简直不敢相信自己竟然与偶像坐在一起谈话，情不自禁要发出“这是真的吗”这样的感慨。

胡适先生对她极为照顾，她原本不敢奢望胡适先生能够看她的《秧歌》，哪知道胡适先生不仅看了，还给她写了这样一封信：

“你这本《秧歌》，我仔细看了两遍，我很高兴能看见这本很有文学价值的作品。你自己说的‘有一点接近平淡而近自然的境界’，我认为你在这个方面已做到了很成功的地步！……你写人情，也很细致，也能做到‘平淡而近自然’的境界……你的英文本，将来我一定特别留意。中文本可否请你多寄两三本来，我要介绍一些给朋友看看……以上的话，是一个不曾做文艺创作的人的胡说，请你不要见笑……你在这本小说之前，还写了些什么书？如方便时，我很想看看。”

胡适先生对晚辈的提携与照顾并非寻常人的敷衍了事，而是认真仔细，十分诚挚。后来她见到《秧歌》，发现上面密密麻麻的都是胡适的点评，有的加了圈有的加“杠子”——读得真仔细，这份真诚感动了张爱玲。

“感恩节那天，我跟炎樱到一个美国女人家里吃饭，人很多，一顿烤鸭子吃到天黑，走出来满街灯火橱窗，新寒爆冷，深灰色的街道特别干净，霓虹灯也特别晶莹可爱，完全像上海。我非常快乐。但是吹了风回去就呕吐。刚巧胡适先生打电话来，约我跟他们吃中国馆子。我告诉他刚吃了回来吐了，他也就算了，本来是因为感恩节，怕我一个人寂寞。其实我哪过过什么感恩节。”

怕她每逢佳节倍思亲，一个女人无论如何总是让人看着孤单可怜。张爱玲说寂寞的时候，连看着讨厌的人都不那么讨厌了。人是群居的动物，哪有人天生喜欢拒人于千里之外？就连写出《瓦尔登湖》的梭罗，普通人想着他隐居在湖畔那么久，应该是喜欢独居吧？梭罗仍然说他喜欢社交，见到朋友就像水蛭一样紧紧地吸着。

胡适照片

人是天生地害怕寂寞。

"炎樱有认识的人住过一个职业女子宿舍，我也就搬了去住。是救世军办的，救世军是出名救济贫民的，谁听见了都要骇笑，就连住在那里的女孩子们提起来也都讪讪地嗤笑着……有一天胡适先生来看我，请他到客厅去坐，里面黑洞洞的，足有个学校礼堂那么大，还有个讲台，台上有钢琴，台下空空落落放着些旧沙发……我也是第一次进去，看着只好无可奈何地笑。但是适之先生直赞这地方很好，我心里想，还是我们中国人有涵养。坐了一会出来，他一路四面看着，仍旧满口说好，不像是敷衍话。"

适之先生内心也许是赞她那样朴素，并不虚荣，也许确实是出于一种悲悯的涵养。一个男人看着小辈从繁华世界流落到异乡这样生活，内心说没有震动一定是虚假的，只是他很有涵养不惯表达出来，又忧虑表现出来怕自尊心极强的张爱玲心里难过。于是，一面镇定自若地走着，一面含笑说好。

她送他出来，两个人站在台阶上说着话。"天冷，风大，隔着条街从赫贞江上吹来。适之先生望着街口露出的一角空蒙的灰色河面，河上有雾，不知道怎么笑眯眯的老是望着，看怔住了。他围巾裹得严严的，脖子缩在半旧的黑大衣里，厚实的肩背，头脸相当大，整个凝成一座古铜半身像。我忽然一阵凛然，想着：原来真像人家说的那样。而我向来相信凡是偶像都有'黏土脚'，否则就站不住，不可信。我出来没穿大衣，里面暖气太热，只穿着件大挖领的夏衣，倒也一点都不冷，站久了只觉得风飕飕的。我也跟着向河上望过去微笑着，可是仿佛有一阵悲风，隔着十万八千里从时代的深处吹出来，吹得眼睛都睁不开。那是我最后一次看见适之先生。"

这一段文字我每读一次便感慨一次，常常不自觉流泪，张爱玲即便是回忆故人，也写得与众不同，不似寻常人写些温情的细节，每每赞叹世间只得一个张爱玲。

他是她的唯一的偶像，在这样悲凉的夜晚，夜风吹乱他们的发，相对无言竟有种相识许久的默契，沉默着却并不尴尬。

那一刻，也许他们都觉得了那悲风里有郁郁苍苍的身世之感，还有思乡的愁绪，千头万绪无法倾诉，只得静默，因为这寂静的天地里，彼此懂得。

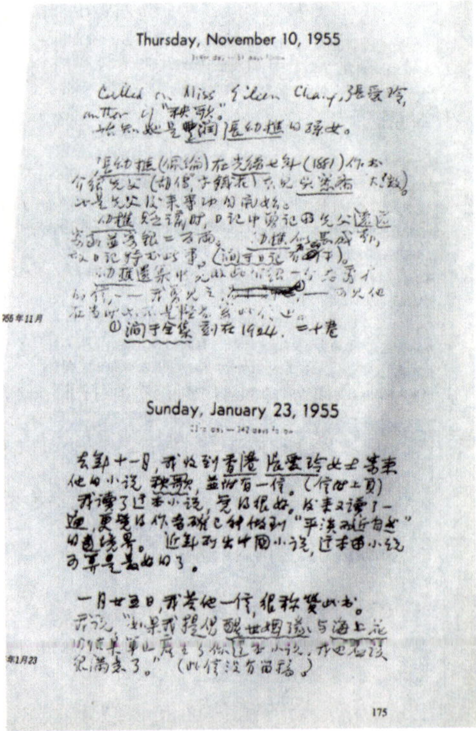
Thursday, November 10, 1955

Called on Miss Eileen Chang, 張愛玲, author of "秧歌"。
始知她是豐潤張幼樵的孫女。

① 澗于全集刻在1924，二十卷

Sunday, January 23, 1955

去年十一月，我收到香港張愛玲女士寄來她的小說秧歌，並附有一信。（信附上頁）
我讀了這本小說，覺得很好。後來又讀了一遍，更覺得作者確已做到"平淡而近自然"的境界。近年所出中國小說，這本可算是最好的了。

一月廿五日，我答她一信，很稱贊此書。我說，"如果我提倡醒世姻緣與海上花的結果單止產生了你這本小說，我也應該很滿意了。"（此信沒有留稿。）

175

胡适手稿

1958年的时候，张爱玲想要申请南加州的一个文艺营——亨亭屯·哈福特基金会，但是需要做担保的人，张爱玲首先想到的人不是熟识多年的炎樱，而是只见过几面的胡适先生。由此可见，一来她跟炎樱之间确实已经不再亲密，二来她对胡适先生有种天然的信任在里面，能这样贸贸然提出请求，自然是料准了适之先生不会拒绝。

胡适果真爽快应允。

后来不知何时胡适先生又从美国返回台湾，又隔了好些时，看到噩耗，只惘惘的。是因为本来已经是历史上的人物？我当时不过想着，在宴会上演讲后逝世，也就是从前所谓无疾而终，是真有福气。以他的为人，也是应当的。

“直到去年我想译《海上花》，早几年不但可以请适之先生帮忙介绍，而且我想他会感到高兴的，这才真正觉得适之先生不在了。往往一想起来眼睛背后一阵热，眼泪也流不出来……那种仓皇与恐怖太大了，想都不愿意朝上面想……

“这件工作（翻译《海上花》）我一面做着，不免面对着这些问题，也老是感觉着，适之先生不在了。”

当我写下这些文字时，不禁觉得惘然。因为胡适去了，张爱玲也走了。张爱玲是幸运的，因为终究见到了胡适先生，而我却连靠近张爱玲的机会也永远地失去了。

人世迢迢，我们终有一日在另一个世界相逢。

寂寞开无主

我一向是对于年纪大一点的人感到亲切，对于和自己差不多岁数的人稍微有点看不起，对于小孩则是尊重与恐惧，完全敬而远之。倒不是因为“后生可畏”。多半他们长大成人之后也都是很平凡的，还不如我们这一代也说不定。

——张爱玲

人海苍茫，我们浮沉于世，如浮萍般聚了又散，流水落花一样的缘分，难免让人心生苍凉之感。张爱玲在离开上海时，在爱情上已经是个梧桐半死清霜后的女人，对爱情不复有太多期待，对人生也是顺应天意。此时的她是陆游笔下那一株“驿外断桥边，寂寞开无主”的瘦梅，清冷幽香。

寂寞的时候，她甚至还会呼喊一句胡兰成的名字，然而回应的却是虚空，仿佛那名字只用在恋爱时，随着爱情一道消逝在万丈红尘里还有曾经万分珍视的名字。

她将自己枯死的爱深埋在一角，从不轻易示人，以为人生也只能如此了。但命运最为神奇的地方便在这里，往往以你出其不意的方式给你意想不到的邂逅，爱情尤其如此，越是不愿意相信爱情的人，爱情来了的时候反扑得越厉害，教训你年纪轻轻怎可对人世的爱失了信心？

1956年，张爱玲顺利申请了“The Edward Macdowell Colony”（爱德华·麦道威尔文艺营）。这是个为落魄艺术家提供食宿和创作地点的文艺营，为了保证每位艺术家创作时不受干扰，它将餐点放在一个固定的地方，每个人自取，且每位到了麦道威尔文艺营的艺术家都有属于自己的办公场所。

张爱玲在这里被很好地照顾着，尽管大家白天很少活动——艺术家的作息通常都是夜晚工作，白天休息，但是到了黄昏时分时常一群艺术家聚集在一起探讨文艺。

张爱玲不太喜欢这样的聚会，她这样写道：“最惨是作家参加 literary gathering 之类的集会。大家等人赞他们的书，多难为情！还有作家同 editor 谈论自己的书——不知道听的人多么厌烦。”

因着这样的缘故，再加上她天性里面对陌生人的窘迫，因而她时常是坐在一个角落里，安静地倾听。张爱玲年轻时就曾写过散文称自己担心说话不讨人喜欢，别人厌烦了也不好意思告诉她，因而总是想要倾听别人。

记不得哪位西方哲人说过的话了，大意是沉默是女人最好的宝石，因为绝大多数的女人，她们的一生就是忙着不停展示自己，不停抱怨，没有住嘴倾听的一刻。活泼喧闹有它的好处，但静默也有静默的魅力。

她静坐一角的时候，不知道一位优雅不羁的老者正注视着她。不经意抬起头来的一刻，四目相视一笑，像久违的朋友，一个善意了解的笑容化

解了异乡的旅愁。

这个男人正是后来成为她丈夫的赖雅。

赖雅跟张爱玲一样是位作家，同时还是一位编剧，哈佛大学的高才生。关于这一点，张爱玲在给好友宋淇夫妇的书信里这样调侃道："Ferd 离过一次婚，有一个女儿已经结了婚了。他以前在欧洲做 foreign correspondent（国外通讯记者），后来在好莱坞混了许多年 doctoring scripts（修改剧本），但近年来穷途潦倒，和我一样 penniless（身无分文），而年纪比我大得多，似乎比我更没有前途。除了他在哈佛得过 doctor & master degree（博士与硕士学位）这一点想必 approved by（见赏于）吴太太之流，此外实在是 nothing to write home about（乏善可陈）……"

人与人之间的缘分就是这样奇怪。有时一个眼神胜过千言万语，而恋爱里最为有力的语言一定是眼神。人与人之间仿佛像有磁场般，这些隐形气质像雷达一样为我们寻找来电的同类。

赖雅成熟优雅，身上同时又具有艺术家的多情迷人，在这个文艺营里也许并不算怎样特别，但是在欣赏他的张爱玲眼里就显得十分不同。她向来又有喜欢成熟男性的倾向，对他的存在格外留心。

与此同时，赖雅十分欣赏张爱玲身上高贵而神秘的东方气质，她的智慧深深地吸引了他。两个人像熟识的朋友一样谈天论地，认识没多久便在文艺营里出双入对，俨然情侣。

谁都想不到两个相差那么多的异国情侣能够走到一起。

张爱玲在异乡为自己找了一位年长到足以做父亲的男子作为依靠，或许这样说并不准确，她不是单纯地依靠他，他何尝不是依靠她？两个喜爱写作的人，为着共同的事业走在一起，相伴着度过人生的黄昏时分。

此时的赖雅已经将近六十岁了，按照中国人的传统观念绝对是十足的老人。但美国人对老人的界定也许比我们宽泛得多，这也是中国人上了五十岁就很少外出而五六十岁的外国背包客十分常见的原因之一。

我们自己年过半百便对外声称自己是老人，而他们则依然拥有一颗喜欢行走与冒险的心。

赖雅也是这样一位标准的美国人。他比张爱玲来到麦道威尔文艺营要早，因而借住期一到，他便要远行，去另一个类似的文艺营——纽约州耶多文艺营。赖雅像个天生的艺术家，浪漫而不羁，这意味着他是个不喜欢受到家庭约束的人，尤其是来自孩子的束缚。

但凡有过家庭经验或者说为人父母者，皆能体会到一个孩子在给我们带来欢乐的同时，更多的是责任与约束。赖雅的第一段婚姻约略也是因为这个而分崩离析。

对绝大多数的艺术家而言，他们的宿命就是为艺术而生，爱情给了他们无穷的灵感，但温暖的家庭氛围则往往让他们懒于奋斗，疏于练习，这一点就连张爱玲都曾说过不幸的家庭让人有冲劲去奋斗，而温馨的家庭中人们则没有这种欲望。

此时的张爱玲刚刚寻觅得一段温情脉脉的感情，怎知他便要远离。但好在张爱玲是个过来人，知道总有藏着泪珠撒手的一天，因而在离别的火车站，她尽管心里有诸多不舍，但是依旧强自镇定。她甚至将仅有的一点儿钱送给了赖雅，女人在爱上一个男人时，真的是拼尽全力，像她喜欢说的一样，女人无论如何是拼了命的。

原本以为这段异国情缘就此错过，从此将各过各的生活，哪知在赖雅走后不久，她猛然间发现自己怀孕了！

这是她和赖雅的孩子，她觉得很有必要告诉他，于是便给赖雅去了一封信，告诉他自己怀孕的事实。赖雅在接信后，做出了一个大胆的决定，给张爱玲去了一封信，信的内容让张爱玲绝对想不到，竟然是向她求婚。

有男人愿意娶自己，任何女人都是欣喜的，张爱玲欣然应允。两个人在一番商量后决定不要这个来之不易的孩子。当时两个人的经济状况都十分窘迫，免费寄住在文艺营里，这哪里是能让孩子生活的地方呢？

张爱玲那时候最主要的收入是为宋淇所在的香港电懋公司写剧本，另有一部分是翻译稿件的收入。但是关于翻译这件工作，张爱玲曾在给夏志清的信中说完全是按照学历来发放稿酬，她终生没有一个像样的文凭，因而吃了亏。可见，在敲门砖这一块，全天下都一样。

稿酬再低她也干，因为不干的话生活下去都很难。

“我一向是对于年纪大一点的人感到亲切，对于和自己差不多岁数的人稍微有点看不起，对于小孩则是尊重与恐惧，完全敬而远之。倒不是因为‘后生可畏’。多半他们长大成人之后也都是很平凡的，还不如我们这一代也说不定。”张爱玲在孩子的问题上，曾写过很多令人心惊肉跳的文字，也许跟她自己出生在一个不幸的家庭有关，她从来不爱孩子，甚至可以说是缺乏母爱的。

她声称自己害怕生个孩子，将来替她的母亲报仇。这些都可以看作是她不准备要这个可怜孩子的缘故，但最为重要的应该还是当时的经济条件不允许，再加上两个人都是以写作为生的人——害怕受约束与干扰，收入不稳定，这样的情况下要个孩子无异于把自己和孩子都推向无尽的深渊。

因而，她堕胎这件事，虽然被很多人诟病，大家认为她缺乏基本的母爱。但我以为不曾做过母亲的人是不能体会养育一个孩子所付出的，张爱玲做

张爱玲与赖雅

这样的事情，也许不够温情脉脉，但是足够理智。

不久她跟赖雅便走进了婚姻殿堂，没有任何人的祝福，就连炎樱她也是打电话过去告知了一句，而宋淇邝文美夫妇，她因为想着告诉他们，他们必定又要费心思送礼物，因而一直等到登记过了以后，她才写了一封信说了这件事。

“这婚姻说不上明智，但充满热情……总之我很快乐和满意。”这一点也许出乎很多人意料，在众人的想象里，她好似一辈子只爱胡兰成一人，就连跟赖雅的婚姻也被人们一厢情愿地定义为无可奈何的选择。

我们总是这样的喜欢自作多情，因为我们实在爱她。人的一生如果可以，原来是能够爱上很多人的。第一次爱的幻灭之后，也许会幻想着这辈子我大约再也不会爱上别人了吧？能够这样想的，毕竟还是因为年轻，像当年张爱玲那句“我倘使不得不离开你，亦不致寻死，我将只是萎谢了”，那时的她不过二十七八岁，哪里知道人世的变幻莫测？

年轻的时候说话总喜欢语不惊人死不休，因为我们太需要安全感，语言的绝对性让我们信仰它。

聚散两依依

病后的世界就像水洗过了似的，看事情也特别清楚，有许多必要的事物也都还是不太要紧。任何深的关系都使人vulnerable（容易受伤），在命运之前感到自己完全渺小无助。我觉得没有宗教或其他system（思想体系）的凭借而能够禁受这个，才是人的伟大。

——张爱玲

中国人有一句俗气得不能再俗的话：有什么别有病，没什么别没钱。可是，眼下摊到张爱玲头上的偏偏就是这两桩事，手头没钱，赖雅身体状况每况愈下。

他们婚后曾经在纽约住过一段时间，那个可怜的孩子也是在那里离开了他只住了四个月的母体。后来他们又一起返回彼得堡，麦道威尔文艺营就在新罕布什尔州的彼得堡，还是寄居在那里。

然而，这样的日子毕竟是短暂的，很快日子到了，他们也不能够再继续申请延期，赖雅向耶多文艺营的申请也被拒绝了。福无双至，祸不单行，屋漏偏逢连夜雨，老话说得自有其深刻的苍凉。

他们开始了漫长的居无定所的迁徙，像是回归到动物的状态，哪里便宜哪里方便就迁往哪里。

赖雅因为身体的缘故已经无法继续写作赚钱，依靠每个月社会福利金五十二美元生活——这笔钱连最便宜的房租都不够！房租还要七十二美元！他们甚至贫穷到租住过布鲁克林贫民区，然而还是无济于事。

有谁会想到这个曾经红遍上海滩的女作家，晚景这般凄凉？

张爱玲又是习惯大城市生活的，因为便利。她说过在乡下住过一段时间后，再回到都市里来，看到电车闻着汽油味都觉得是享受。可是，他们入不敷出捉襟见肘的经济状况实在不能允许这样的生活，于是他们又搬到一些小镇上。

总是这样来来回回地迁徙，没有一定的居所。从前不会做饭的张爱玲，如今不仅要忙着翻译工作赚取生活费，还要照顾身体状况不佳的赖雅。

熟悉她的宋淇夫妇均说过她对翻译工作并不十分热情，除了完全出于热爱翻译的《海上花》外。但是她在20世纪60年代给著名学者夏志清的信中却说自己喜欢翻译工作，恐怕多少有些违心，因为没有翻译收入的话，他们就真的坐以待毙了。

因为当时最为糟糕的事情已经发生了，电懋背后的大老板陆运涛先生飞机失事骤然离世，依靠给电懋写剧本生存的情况瞬间不复存在。这对张爱玲来讲，打击几乎是致命的，从此她的生活来源基本就依靠翻译作品，她甚至还给VOA打工，改编了苏联作家索尔仁尼琴的《伊万的一天》作为广播稿。

可即便是在这样处处不顺心的情况下，当她听闻台湾准备将《红楼梦》搬上荧幕的时候，她还是抽空去了一趟台湾，可见她对这部书的热爱。

这是她唯一一次台湾之行，以前只在船上远远地看过。那时候她还年轻，二十刚出头，从战后的香港逃回上海，船经过台湾那片海域时，她望着郁郁苍苍秀美的山第一次觉出中国画的美好来，因为竟然真的有那样秀气的山！

就在她东方之行的途中，赖雅中风病倒了。

她离开美国的时候，赖雅甚至担心这个美丽智慧的东方妻子不再回到他的身边，从前潇洒豁达的赖雅如风中之烛，开始对张爱玲越来越依赖。夫妻本是同林鸟，大难临头各自飞，也是人之常情。然而，他绝想不到这位看起来瘦弱的东方女性，有着常人难以想象的坚韧。

从前胡兰成避居温州跟范秀美在一起的时候，她也不曾因此对他有分毫抱怨。“天涯地角有我牵你招你”，她一直是这样重情重义信守承诺的女人。在给宋淇夫妇的信中，她曾经说过不讲信用的人最可怕，然而面对这样的人实在无可奈何，因为毫无办法。

事实是，张爱玲直到1995年去世，对外宣称的依然是赖雅的妻子，冠上夫姓近四十年。她在爱情的世界里，一直忠心耿耿。

因而，当赖雅中风病重的消息传到她耳朵里时，她心急如焚，然而却没有钱买一张立刻返回美国的机票。她不得不做些改变，结束在台湾急匆匆的行程，去香港写点剧本赚取稿费，因为总是熬夜用眼，她的眼睛一度患了疾病。

“病后的世界就像水洗过了似的，看事情也特别清楚，有许多必要的事物也都还是不太要紧。任何深的关系都使人vulnerable（容易受伤），在命运之前感到自己完全渺小无助。我觉得没有宗教或其他system（思想体系）的凭借而能够禁受这个，才是人的伟大。”不知道这样的话是在赖雅病后有感而发还是因为她自己的病痛。

总之，他是她自己挑选的爱人，她唯有不离不弃地陪着他走完人生的最后一程。照顾赖雅又分出她不少精力，她的日子过得只能用落魄来形容。

也许，在生与死面前，从前认为十分重要的事情也变得可有可无了。她细心照料赖雅的生活，从不抱怨，因为这是她选择的一切。

在赖雅状态稍好的时候，甚至与张爱玲计划攒钱一起去欧洲和东方旅行，当时的张爱玲在给邝文美的信中写到幻想里的相聚，用了句母亲家乡南京的土话——乡下人进城，说得嘴都疼。还曾幻想过宋淇夫妇能吃到赖雅做的饭菜，因为他实在是个好厨师，“他的烹饪实在不错，比普通的馆子好”。

作为张爱玲后来近半个世纪最为重要的朋友，赖雅对他们的故事也是十分熟知，曾经他还给宋淇夫妇写了信。

“爱玲说她的朋友当中，就只想让你们跟我见面，但她讲了这么多有关你们的事，使我觉得大家早就见过了。我只想向你们保证，与我一起她很安稳，永远都会这样美丽，开怀而睿智。这一切奇迹的发生，并不因为要互相迁就而改变。过去如是，今天亦然，直到永远。”

可惜，想见面的终于没能见上面，想去的欧洲和东方也只能成为脑海里的幻影，人生就是如此，计划好的事情往往只存在一个备忘录上。一切都是天注定，终究她也是无力回天。在贫病交加中，赖雅安详地去世了。十年来，他们一起满美国地奔波，到处奔走，只为求一个安静舒适的居所，颠沛流离的现实反倒磨炼了他们。张爱玲跟赖雅的婚姻前后维持十来年，她在赖雅死后过起了离群索居的生活，仿佛一下子看透人世间所有悲欢离合，人世的浮华与喧闹她再也不需要。

那时的她不过四十几岁，然而整个世界开始一片灰暗。没有人能想到她能够陪伴赖雅走完最后的旅程，大家对她爱人的能力一直怀疑着，但是她用坚韧还击了所有的质疑。

从前盼着与胡兰成相守到老的日子没能够，在这个美国男人身上，她

却实现了天荒地老的誓言，实在让人有种人世的荒芜感。

中年丧偶对谁来说都是一件极为残忍的事情，无论怎样强自镇定还是免不了痛楚，这种伤痛只能随着岁月的河流慢慢流逝，被它那温柔的双手抚平。

沧海桑田亦不过是一瞬，若能够看透个人在命运前面的渺小，也许能够释然。此时的张爱玲早已经历过一番人世的变迁，父母已谢世，他们的故去，带着她的爱与恨一并入土。

十几年前，张志沂死在上海静安区那个十四平方米的老房子里，也是后来张子静终结生命的所在地。

再后来，1957年的时候，黄逸梵病重祈求女儿赴伦敦见最后一面——正是她困难重重的时候，一张机票的钱已然是庞然大物样吓人。她只是寄去了一点儿钱还有邝文美写的那篇文章，母亲看了快乐了很久。在生与死的界限上，她们得到最后的和解。

如今，她的亲人各自离散在天涯，她唯将自己蜷缩着像个隐形人一样寄居在这个世上，总有一天她也会赶到那个世界与他们再相逢。

我的心是一座小小的孤岛

回忆这东西若是有气味的话，那就是樟脑的香，甜而稳妥，像记得分明的快乐，甜而惆怅，像忘却了的忧愁。

——张爱玲

她从不刻意回忆往事，可是过去像长了脚一样自动走过来，牵一牵她的衣角，要她回过头来看看从前的面容。

人生就是这样的反反复复，说好了不回首，还是忍不住想回到最初的地方。赖雅去世那一年，她还不到五十岁，外表依然年轻，然而内心却像个历经沧桑的老人，看透世间的悲欢离合。

她曾经说过三十岁已经够久了，过去的历史像墓碑一样沉重地压在心头。自从去了美国以后，有人说她的才华萎谢了，这其中就有一直欣赏她的香港后辈女作家亦舒。亦舒看了她所谓新作认为不过是新瓶装旧酒，很是乏味，宋淇夫妇将她的评语写信告诉了张爱玲，张爱玲说：这些是我仅有的一点儿东西，也是我的包袱，一辈子甩也甩不掉，只得背着，直到死。

她在美国时认识了著名学者夏志清，还有文艺评论家庄信正。前者将她的文学史地位提升到从未有过的历史高度，使得她的作品得以在20世纪70年代初陆陆续续在中国台湾出版，这让她的经济状况也随之好转。

但写作的人状态从来都是时好时坏，没有个定数。

庄信正则介绍她到加州伯克利大学的中国研究中心去工作。她在去伯克利之前，还曾去过迈阿密大学当过住校作家，也曾给赖氏研究机构做了一阵子学术研究。

漂泊无定是她在美国的生活状态，无论哪个时期，从未真正稳定过。到了伯克利的张爱玲，已经把自己装扮得像个寄居蟹一样，从不将自己的心事轻易示人，唯一能够得到她真话的只有香港的宋淇夫妇。即便是给她充满信任的夏志清与庄信正写信，我看到满纸的，也都是带着距离感的朋友。她像是要把周围的世界强行按在另一边，属于她这一边的只有她自己一个人。据她当时的“同事”回忆，张爱玲几乎“从不上班”。不上班自然是不可能的，她只是生活习惯与人不同罢了，白天休息的她往往下午时分趁着别的同事准备下班回家的时候，才会踩着猫一样轻巧的步伐来到办公室，一不小心见到别人了，只会露出尴尬而腼腆的笑。然后，再也没了然后，似乎是个隐形人，从不与人交谈，同事都觉得她十分孤僻。

但凡艺术家都有种常人无法理解的乖僻，像她十九岁所写的文章《我的天才梦》一样，她说：“世人原谅瓦格涅的疏狂，可是他们不会原谅我。”

多清醒的自嘲。

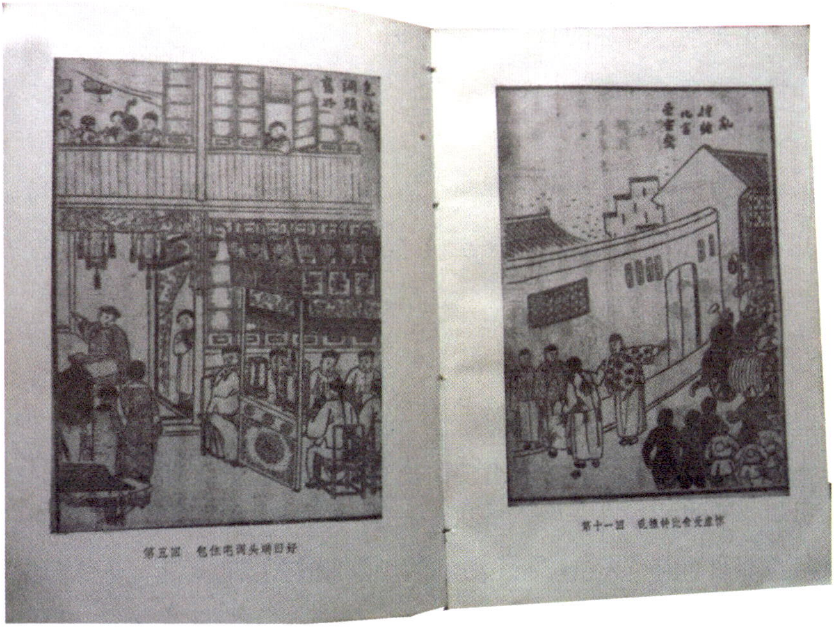

《海上花》书影

她昼伏夜出，在此期间干着一份可有可无十分无聊的工作，说是研究，竟然让她研究中国报纸等媒体上常出现的一些字眼！简直是浪费她的天才！

然而，人类天生地喜欢浪费，尤其在天才的浪费上，简直不遗余力。

这段时间她慢慢变得像个学者多过像个小说家，她写了很多关于《红楼梦》的详解文章，也尝试着翻译《海上花》——不仅有国语版，还有英译版。《海上花》原来是用苏白所写，为了使它流传更广，张爱玲将其翻译成普通话。只需要稍稍涉猎《海上花》便可知张爱玲的古文根基，读了小说的楔子，你会疑心自己又读到了《红楼梦》呢。

她如此热衷于写这样的“老”文章，也许就像现下流行的一句话一样：“当你喜欢回忆往事时，你便老了。”她孤身一人活在异国他乡，唯有从回忆里寻找到片刻安稳妥帖。她连看到某个地方公寓像上海都感到极大的快乐，她的心真的成了一座小小的孤岛。“回忆这东西若是有气味的话，那就是樟脑的香，甜而稳妥，像记得分明的快乐，甜而惆怅，像忘却了的忧愁。”

她一生里最为灿烂的日子是在上海，最为传奇的爱恋也是在上海，她的半条性命留在了上海。

她变得更加敏感，害怕与任何陌生人交往，除了不得不保留的应酬，其他几乎不跟任何人联络。她屡次搬家，次次都再三叮嘱夏志清千万不要把她的地址和电话泄露出去。

好在夏志清理解她的乖僻与难处，屡屡为了她而去请求别人帮忙。年轻的时候她就说过书是人类最好的朋友，在没有人与人相交接的地方，充满了生命的欢愉。她宁愿与书为伴，也不愿跟她的同类交流，这导致她的人缘极坏。不过，她这一生似乎从未有过人缘特别好的时候，因为实在不善交际，不知如何待人接物，不似她的母亲那样朋友遍天下，人人都爱她。晚年写《对照记》的她还说自己只遗传了黄逸梵对颜色的某种偏爱，她的优点却一点儿没能继承。

1971年时，她在伯克利工作两年后，跟那里的文学评论家陈世骧先生发生了矛盾，起因自然是大家对她常年“不上班”感到不快，直接原因，张爱玲在给夏志清的信中这样愤愤然写道：“加上提纲、结论，一句话说八遍还不懂，我简直不能相信。”——针对陈世骧说她的研究文章即使经过修改别人也看不懂，她这样反驳。这样的谈话自然是不欢而散，而结局对张爱玲来说几乎是致命的。

她因此丢掉了一份可以糊口的稳定工作，此事件被夏志清先生说成是她到美国后十几年来所经受的最大的打击。

此后三年，她没有过固定工作，也没有任何固定收入，所幸的是因为夏志清等人的介绍，台湾民众重新对她的作品发生了兴趣，她的一些旧作得以重新发表。其间她也写过几篇散文，包括她的研究文章几乎都是在台湾发表，这个曾经让她祖父丢掉官职的伤心地，怎知翻过一个世纪倒成了她的救命稻草。

此时，她的母校港大找到了她，希望她能写一些关于丁玲的研究文章。为了赚取稿费，她不得不接下这桩活儿，并且找夏志清先生，希望他能够帮忙找点儿相关书籍。夏先生痛心疾首地说：“张、丁二人的才华、成就

实有天壤之别，以爱玲这样的大天才去花时间研究丁玲，实在是说不通的。”

可是，天才不是往往被我们浪费在这些无用的事情上吗？就像给贵族小姐教钢琴的莫扎特，终生只卖出一张画的凡·高一样。人类是这样的短视，非得等到天才们谢世了，我们才格外珍视起他们以及他们的作品。

她也曾无可奈何地说：“除了少数作品，我自己觉得非写不可（如旅行时写的《异乡记》），其余都是没法才写的。而我真正要写的，总是大多数人不要看的。”

“一提到有些话——关于前途——便觉得声音嘶哑，眼中含泪，明知突然 embarrass（为难）人，但无法自制。其实心中并不大感觉 pain（痛苦），似乎身体会悲伤，而心已不会了。浴时（或作任何杂事时）一念及此，也觉得喉头转硬，如扣一铁环，紧而痛，如大哭后的感觉。”

为了赚点儿生活费，也想在时间终止之前能够将心中的故事写完，她通常从下午开始一直忙到天亮，为此她的眼睛都熬出了血！

然而，她却也说：“写小说，是为自己制造麻烦……人生恐怕就是这样的罢？生命即是麻烦，怕麻烦，不如死了好。麻烦刚刚完了，人也完了。”

我们就是这样一群人，在人海里流浪，在无休止的烦恼中怀揣小小的卑微的希望，希图有一日在沧海桑田的变幻中博出个云淡风轻。多美好，多艰难。